INVENTAIRE
F.98401a

THÈSE

POUR

LE DOCTORAT

RENNES
IMPRIMERIE DU COMMERCE BAZOUGE FILS ET Cie
15, rue de Viarmes 15.

1871

UNIVERSITÉ DE FRANCE — ACADÉMIE DE RENNES

FACULTÉ DE DROIT

THÈSE POUR LE DOCTORAT

DROIT ROMAIN . . . . . . Du pécule castrens.

DROIT FRANÇAIS . . . . Du recrutement des armées de terre et de mer. — Commentaire de la loi du 27 juillet 1872.

Cette thèse sera soutenue le lundi 22 juin 1874

A DEUX HEURES

Par M. DE LA BIGNE VILLENEUVE (Marcel-Marie)

AVOCAT A LA COUR D'APPEL

EXAMINATEURS :

MM. Bodin, doyen ; Foy, Durand, Gavouyère, professeurs ; Mahie, agrégé, chargé de cours.

RENNES

IMPRIMERIE DU COMMERCE BAZOUGE FILS ET Cie

15, rue de Viarmes. 15

1874

A LA MÉMOIRE DE MA MERE
ET DE MA SŒUR

A MON PÈRE

A MA FAMILLE

A MES AMIS

DROIT ROMAIN

DU PÉCULE CASTRENS

Dans l'ancienne législation romaine, la propriété était un droit inconnu du fils de famille ; simple instrument d'acquisition entre les mains de son père, il n'avait aucun droit sur les libéralités qui lui étaient faites ou sur le salaire de son travail. « *Quidquid ad filium pervenit*, dit Gaïus, *hoc patri adquiritur ; qui in nostra potestate est nihil suum habere potest.* » (Com. II, § 87). Tout au plus le *filiusfamilias* avait-il l'espoir de retrouver un jour ces biens dans l'hérédité paternelle ; mais il n'avait alors sur eux aucun droit de préférence ; on ne lui tenait aucun compte de ce qu'il avait enrichi le patrimoine de son père, et il ne prenait dans la succession que la part qu'il devait recueillir en sa qualité d'héritier. Son père pouvait d'ailleurs en l'émancipant, en le donnant en adoption, briser le lien de famille, et lui enlever ainsi, avec son droit de successibilité, sa part dans la fortune qu'il avait contribué à grossir.

De très bonne heure pourtant le *paterfamilias* avait été amené, soit par les nécessités de l'administration de ses biens, soit par le désir d'utiliser les aptitudes de son fils, à lui confier la gestion d'une portion de ses biens. De bonne heure aussi les Prudents avaient astreint le père qui voulait exclure après sa mort son fils de sa part héréditaire à l'exhéréder formellement, mais il n'y avait là aucune exception aux vieux principes sur l'organisation de la famille. Le père n'en restait pas moins seul propriétaire ; il pouvait, à son gré, retirer à son fils le pécule qu'il lui avait remis ; il pouvait, en déclarant sa volonté, le priver de tout droit à sa succession.

Ce n'est guère qu'à la fin de la république, qu'apparaît la grande révolution juridique qui allait enfin constituer au fils une personnalité distincte vis-à-vis de son père, et consacrer son affranchissement au point de vue de la propriété. Mais on se tromperait beaucoup si on attribuait l'apparition du pécule castrens à un retour vers des idées d'humanité et de justice. Son origine est toute autre. Lorsque dans la rivalité des guerres civiles d'où devait sortir l'empire, les généraux ambitieux qui se disputaient la patrie voulurent acheter le dévouement de leurs soldats et se créer des partisans, ils durent nécessairement songer avant tout à leur assurer le bénéfice exclusif des distri-

butions de terre et d'argent qu'ils leur prodiguaient.
Déjà les expéditions lointaines avaient séparé le soldat
de la famille et de la patrie ; il était nécessaire de l'iso-
ler encore davantage, il fallait lui donner des intérêts
différents de ceux de son père, opposer le camp à la
cité. Affaiblir les biens de famille, diviser ces petites
et fortes agrégations dont l'ensemble formait et soute-
nait la république, c'était diminuer les moyens et les
dangers d'une résistance, préparer et faciliter l'établissement d'un pouvoir souverain.

Telles furent les vues et la politique de César lorsqu'il reconnut au fils de famille militaire l'entière propriété des choses acquises à la guerre et le droit d'en
disposer même par testament. Toutefois cette innovation constituait une atteinte tellement grave aux règles
qui jusque-là avaient servi de base à la famille romaine,
que César n'osa l'introduire qu'à titre temporaire. Ses
successeurs n'éprouvèrent pas les mêmes scrupules, ils
confirmèrent et étendirent même l'institution nouvelle.
L'armée, dont ils étaient à la fois les chefs et les ser-
viteurs, en leur donnant le pouvoir de tout oser contre
l'ancienne constitution, leur imposait l'obligation d'user
de ce pouvoir en sa faveur ; la popularité et la puissance étaient à ce prix.

CHAPITRE I

DES BIENS QUI COMPOSENT LE PÉCULE CASTRENS.

Le pécule castrens ne comprit, à l'origine, que des objets de peu de valeur, tels que la solde et la part de butin du soldat. Les fils de famille devaient voir avec peine tomber dans le patrimoine paternel les biens qu'ils avaient acquis au prix de leur sang ; ce furent aussi les premiers biens qu'ils purent posséder en propre. La famille, au reste, en cessant de les acquérir, ne s'appauvrissait guère, ces biens étant habituellement d'une valeur minime. La solde, bien qu'elle allât en augmentant avec le nombre des années de service, était fort peu élevée ; quant au butin, il n'était point la propriété exclusive du soldat qui le faisait. Le pillage était, en effet, fort savamment organisé dans les armées romaines. Lorsque l'on partait pour une expédition, les soldats s'engageaient par serment à ne rien détourner du butin fait en commun et à rapporter fidèlement tout ce dont ils pourraient s'emparer. Une ville venait-elle à être prise, une partie de l'armée était désignée pour prendre part au pillage, l'autre restait sous les armes. Le butin était ensuite apporté au camp ; on prélevait les objets les plus précieux et notamment les prisonniers pour les attribuer à l'Etat ; on faisait ensuite la part des dieux, puis celle des généraux ; les objets qui n'avaient pas trouvé de maître étaient seuls partagés entre les soldats.

Le service militaire n'était pas, on le voit, une source bien abondante de richesses, et par suite le patrimoine du fils de famille n'était pas à l'origine bien considérable ; mais le pécule castrens ne resta pas long-temps renfermé dans de si étroites limites ; il s'étendit bientôt à tous les biens que les fils devaient à leur qualité d'hommes de guerre, à tout ce qui leur adve-vait *occasione militiæ*. C'est ce que nous dit le juris-consulte Macer : « Le pécule castrens se compose des biens que les ascendants ou les cognats donnent au fils de famille militaire, ou des acquisitions qu'il a faites lui-même au service, acquisitions qu'il n'aurait point faites s'il n'eût été soldat. Ce qu'il aurait acquis, indé-pendamment du service militaire, ne fait point partie du pécule castrens. » (Dig., loi 11 de cast. pécul., liv. 49, tit. 17).

Les décisions que nous allons examiner ne sont que des applications de la règle si nettement posée dans cette loi.

Un jeune homme sur le point de partir pour l'armée reçoit de ses proches quelques objets mobiliers, quel-ques cadeaux destinés à adoucir ses fatigues et à sub-venir aux besoins de la vie militaire ; ces objets, bien qu'il ne soit pas encore soldat, lui appartiendront en propre, car ils lui ont été donnés à raison de son départ pour l'armée, et s'il n'avait pas dû partir il n'aurait rien reçu. Mais que décider si, au lieu de recevoir des objets mobiliers, le fils reçoit des immeubles ; ces im-meubles tomberont-ils dans son pécule ? Une distinction est ici nécessaire. La donation émane-t-elle du *paterfamilias*, elle sera absolument nulle, le donateur restera propriétaire. (Loi 4, au Cod. familiæ erciscundæ, liv. 3, titre 36). A-t-elle été faite par un étranger, elle sera valable, seulement en règle générale le fils n'en profitera pas. (Code, loi 1 de castrensi pec., liv. 12, tit. 36). La nature et l'importance de cette libéralité font supposer qu'elle n'a pas été faite en vue du service militaire ; le donateur n'a pas songé alors aux fatigues que le fils aura à supporter, il lui aurait, en effet, donné toute autre chose mieux appropriée à sa profession nouvelle, des objets qu'il eût pu emporter avec lui au camp. L'immeuble ira donc grossir le patrimoine paternel. Gardons-nous pourtant de conclure de là que le pécule castrens ne peut comprendre des immeubles. Ce pécule n'est point, en effet, restreint à des biens de telle ou telle nature, il peut tout comprendre ; seulement, comme les immeubles sont rarement donnés *occasione militiæ*, la preuve du lien, entre l'acquisition et le service militaire, est plus sévèrement exigée.

L'Empereur Alexandre nous dit formellement que les immeubles donnés au fils font partie de son pécule, si l'intention du donateur est manifeste, s'il est bien démontré que c'est en sa qualité de soldat qu'ils lui sont advenus. Une pareille donation peut d'ailleurs s'expliquer très-facilement par les circonstances, le donateur a pu donner un immeuble parce qu'il ne possédait pas d'autres biens, et qu'il a voulu permettre au fils de famille de se procurer en l'aliénant ce qui serait à sa convenance ; peut-être même a-t-il agi dans le but d'assurer à ce *filiusfamilias* les revenus du bien donné. Au reste, une semblable intention ne se présumera jamais.

Le fils obtient son congé, quitte l'armée et rentre dans sa famille. Son ascendant veut lui transférer la propriété de quelques biens ; il lui en fait donation. Quel sera le sort de cette libéralité ? Augmentera-t-elle le pécule castrens ? Non, car le fils a cessé d'être soldat. Néanmoins elle produira un certain effet. Le donataire n'aura pas acquis une propriété nouvelle, mais il aura l'administration des biens que son ascendant a voulu lui donner. A côté de son pécule castrens se placera un second pécule complètement distinct du premier, et qui n'aura avec lui qu'un seul point de commun, c'est qu'il reposera dans les mêmes mains. Le fils de famille possédera donc deux pécules, un pécule castrens comprenant tous les biens qu'il doit à sa qualité de soldat, un pécule profectice comprenant toutes les donations paternelles postérieures à sa libération. Il sera propriétaire du premier, il n'aura que la jouissance du second. (Dig., loi 15 de cast. pec.)

Ulpien, dans la loi 3, prend soin d'indiquer parmi les libéralités qui grossissent le pécule, celles qu'une mère fait à son fils partant pour l'armée. C'est l'application toute simple des principes de notre matière. Si Ulpien a cru devoir s'exprimer formellement à cet égard, c'est que, en thèse, une mère ne peut rien donner à son fils *in patria potestate;* la règle qui prohibe les donations entre époux, combinée avec le principe qui attribue au père le bénéfice de toutes les acquisitions du fils, s'y oppose absolument. Mais ici le fils de famille gardant pour lui tout le bénéfice de la libéralité, puisque les objets donnés tombent dans son pécule castrens, il n'y a point donation entre époux, et par suite la libéralité est parfaitement valable. (Loi 3 de cast. pec. et loi 3 § 4 *de donat. inter vir et uxor,* liv. 24 tit. 1.)

La coutume qui avait introduit la prohibition des donations entre époux, en avait excepté les donations d'esclaves faites *manumittendi causa,* soit, nous disent les textes, qu'elle n'y vît qu'un minime enrichissement pour le donataire, soit qu'elle voulût favoriser les affranchissements. Il faut le reconnaître, le premier de ces motifs est assez peu exact ; au titre de patron étaient en effet attachés des droits fort importants. L'affranchi devenait citoyen romain, il entrait dans la vie civile, mais il n'y trouvait personne à qui il pût se rattacher ; s'il mourait sans laisser d'héritiers siens, celui qui lui avait donné la liberté recueillait sa succession.

Il était donc fort avantageux d'être le patron d'un affranchi ; aussi devons-nous voir dans la faveur accordée à la liberté le véritable motif de cette dérogation aux principes. Supposons maintenant qu'une femme ait donné à son mari fils de famille et militaire, un esclave pour qu'il l'affranchît ; les droits de patronage résultant de cet affranchissement feront-ils partie du pécule castrens ? Les jurisconsultes romains répondent par une distinction ; ils examinent les circonstances qui ont accompagné la donation. Si la femme a voulu donner à son mari des affranchis habiles *ad militiam* destinés à le suivre à l'armée par exemple comme médecins, la donation faite alors en vue du service militaire fera partie du pécule castrens, et l'affranchi aura pour patron le mari ; si ces circonstances ne se rencontrent pas, le patron sera le chef de famille. (Loi 6.) Tel était du moins le dernier état du droit. Mais il n'en avait pas toujours été ainsi. Il résulte en effet de la loi 22, au Digeste, *de bonis libertorum*, que les droits de patronage ne pouvaient entrer dans le pécule castrens des fils de famille. Lorsqu'ils affranchissaient des esclaves péculiaires, ceux-ci avaient pour patron l'ascendant sous la puissance duquel était placé le fils. Mais, avec le temps, des tempéraments successifs furent apportés à la rigueur du droit primitif. A l'époque du jurisconsulte Julien, le père était bien encore le patron de l'affranchi, mais le fils exerçait, sa vie durant, tous les droits de patronage. C'était là une situation anormale, contraire à la nature, aussi l'empereur Adrien décida-t-il que désormais les droits de patronage appartiendraient au fils de famille. (Dig., l. 6 et 19, § 3, de cast. pec.)

Comme tout autre patrimoine, le pécule est susceptible d'acquérir, par quelque mode que ce soit, des objets individuels et des universalités ; ainsi l'hérédité déférée par un compagnon d'armes, alors même que le fils l'aurait connu avant d'aller à l'armée, tombera dans son pécule. (Loi 5.) L'institué n'aura donc pas besoin, pour faire adition, d'attendre le *jussus patris*, il n'aura qu'à consulter son propre intérêt pour voir s'il doit accepter ou répudier la succession. Il sera seul tenu des dettes, les créanciers héréditaires n'auront d'action que contre son pécule, et s'il est insuffisant pour les satisfaire, ils ne pourront jamais s'adresser au patrimoine paternel pour obtenir le complément de ce qui leur est dû.

Il faudrait donner une solution contraire s'il s'agissait de l'hérédité de la mère, ce n'est point en effet au militaire mais au fils que la libéralité testamentaire est faite, c'est l'affection maternelle et non la circonstance qu'il est soldat qui l'a dictée. D'où plusieurs conséquences importantes. Le fils ne pourra faire adition que sur l'ordre exprès de son père, et, en acceptant la succession, il ne contractera aucune obligation personnelle; ce sera le père de famille qui recueillera la succession et qui devra en supporter toutes les charges. (Code loi 1, de cast. pec.) Si donc la mère a laissé des créanciers, ils ne peuvent rien exiger de l'institué ; le fils n'ayant été qu'un instrument d'acquisition pour le patrimoine paternel, il est de toute équité qu'on ne s'adresse qu'à ce patrimoine : « *Ubi successionis emolumentum ibi onus esse debet.* »

Une sérieuse difficulté se présente si le compagnon d'armes qui a institué le fils était son agnat. Comment savoir alors si l'institution est due au lien de la parenté, ou bien à la vie commune sous les drapeaux qui a resserré leurs rapports d'affection ? Les jurisconsultes romains résolvaient encore la difficulté à l'aide d'une distinction qui leur permettait de retrouver l'intention première du testateur. (Dig., loi 19, de cast. pec). La disposition avait-elle été faite avant l'entrée au service du bienfaiteur ou de l'obligé ? C'était à l'agnat que la libéralité s'adressait. Le patrimoine de la famille la recueillait par l'intermédiaire du fils. Le testament avait-il été fait au contraire depuis que le testateur et l'institué servaient ensemble ? C'était une dernière preuve d'amitié donnée au compagnon d'armes, l'hérédité appartenait au pécule castrens. La solution donnée par les jurisconsultes fut confirmée par un rescrit de Gordien. Nous supposons, bien entendu, que les deux parents servaient dans le même camp; dans le cas contraire, on ne pourrait prétendre qu'il y a eu confraternité d'armes capable de dicter une institution d'héritier ; l'institution aurait alors pour cause le lien du sang, le droit commun reprendrait donc son empire, et le chef de famille compterait encore dans son patrimoine une nouvelle succession. (Dig., loi 16, § 1, de cast. pec). En vain le disposant déclarerait-il que sa volonté est de faire tomber les biens donnés dans le pécule du fils, cette déclaration demeurerait sans effet, si la profession militaire n'a pas été en fait la cause déterminante de la libéralité : « *Veritatem spectamus,* dit Ulpien, *an vero castrensis notitia vel affectio fuit, non quod quis finxit.* » (Loi 8). C'est ainsi, ajoute-t-il, que, malgré toute déclaration, la donation et le legs faits par une femme à son mari ne tombent point dans le pécule, car elle donne à son mari et non au soldat. Cependant Papinien, dans les lois 13 et 16, donne une décision contraire, en se fondant sur un rescrit d'Adrien portant que l'hérédité déférée par une femme à son mari militaire ferait partie du pécule, et qu'il aurait les droits de patronage sur les esclaves héréditaires qu'il affranchirait. La question qui se présente dès lors est la suivante : y a-t-il antinomie entre la loi 8 et les lois 13 et 16 ? Plusieurs conciliations ont été proposées, mais aucune d'elles n'est pleinement satisfaisante.

Cujas et Pothier ont cru trouver dans la législation caducaire l'explication des lois 13 et 16. Voici comment ils raisonnent : D'après la loi Papia-Poppæa, une femme sans enfants ne peut pas tester en faveur de son mari, celui-ci n'ayant pas le *jus capiendi*. Adrien aurait établi une exception à cette règle en faveur du mari soldat, et l'hérédité lui arrivant alors *militiæ causa*, doit naturellement tomber dans le pécule castrens. La décision de Papinien est donc conforme aux principes. Dans la loi 8, il s'agit au contraire d'un cas où, d'après le droit commun, les lois caducaires ne seraient pas applicables ; les époux ont des enfants, ils ont obtenu le *jus liberorum*, la femme n'avait pas encore vingt ans ; la libéralité pouvant être faite à un *paganus*, ne doit pas être comprise dans le pécule.

Cette explication se heurte à plusieurs objections. Elle repose tout entière sur ce fait, la stérilité de la femme, que rien n'indique dans les lois 13 et 16 ; les jurisconsultes de l'époque classique posaient leurs espèces avec une précision extrême ; comment supposer que Papinien ait pu omettre la circonstance déterminante de sa décision. De plus, en admettant l'explication de Cujas, le pécule castrens ne devrait avoir que les neuf dixièmes de l'hérédité, le mari *paganus* ayant dans l'espèce qu'il suppose le *jus capiendi* pour un dixième, or Papinien attribue l'hérédité tout entière au pécule.

La libéralité, dit un second système, a été faite par la femme *in contemplatione militiæ*. Elle craint que son mari ne se dégoûte du service militaire, elle veut donc lui assurer une fortune qui, en adoucissant les ennuis et les fatigues du service, l'empêche de quitter l'armée ; or, tant qu'il est sous les drapeaux, il ne peut se remarier. Cette explication n'explique absolument rien, aussi est-elle rejetée par l'auteur même qui la rapporte. Fernandez de Retez déclare lui-même que le soldat pouvait parfaitement se marier. D'ailleurs, pourquoi le legs dont parle la loi 8 n'aurait-il pas été considéré comme fait dans le même esprit.

Une troisième opinion distingue entre les institutions d'héritier sur lesquelles aurait statué un rescrit spécial d'Adrien et les autres libéralités sur lesquelles le rescrit ne se serait pas expliqué et qui seraient restées soumises par conséquent à la règle générale. Mais sur quel motif rationnel serait basée cette distinction ?

Il est possible enfin que le rescrit d'Adrien ait été

rendu dans des circonstances particulières dont la mention aurait disparu, effacée par les compilateurs du digeste. On a cru en voir la trace dans ces mots : *militantem militem*, soldat en activité de service, qu'on ne retrouve pas dans la loi 8. Ulpien, en indiquant la règle générale, n'a pas cru nécessaire de rappeler une décision toute spéciale.

La dot que la femme apporte ou promet en se mariant au fils de famille militaire ne tombe pas dans le pécule castrens. La dot a une destination toute spéciale, subvenir aux charges du mariage, elle doit donc appartenir à celui sur qui ces charges pèsent, c'est-à-dire au chef de la famille. Mais elle ne doit pas rester perpétuellement entre ses mains ; le fils vient-il à sortir de la famille, est-il émancipé, par exemple, la dot lui fera retour, puisque ce sera à lui de supporter désormais les frais du ménage. (Dig., loi 56, § 1 et 2 *de jure dotium*, liv. 23, tit. 3). Si le père de famille prédécède, le fils, sans qu'il y ait à distinguer s'il est institué ou exhérédé, prélèvera les biens dotaux dans sa succession. Le mariage peut se dissoudre pendant que le mari est encore soumis à la puissance paternelle. La dissolution du mariage était à Rome, grâce au divorce, un fait fort fréquent ; les femmes, on l'a dit, comptaient leurs années par le nombre de leurs maris. La dot, destinée à subvenir aux besoins de la vie conjugale, n'a pas perdu cette destination. La femme divorcée se hâtera de convoler à une autre union, les mœurs l'y autorisent, la loi l'y invite par des faveurs et arrive même à faire de ce nouveau lien, si facile à briser, un principe d'ordre public. « *Reipublicæ interest*, dit la loi 2, au Digeste (*de jure dotium*), *mulieres dotes salvas habere propter quas nubere possint.* » Comment maintenant s'étonner que cette femme qui ne peut avoir qu'un débiteur, le chef de famille, ait pour garantie de sa créance deux patrimoines? Le père de famille sera poursuivi pour la totalité de la dot, le mari jusqu'à concurrence de son pécule. (Dig. loi 7, de cast. péc.).

Le pécule castrens peut s'accroître par accession ou par l'effet de la consolidation. Le fils sera donc plein propriétaire de l'esclave du pécule sur lequel le père avait un droit d'usufruit qu'il a laissé perdre par exemple par non usage. (Lois 15, § 4).

Ce ne sont pas seulement les acquisitions à titre gratuit qui entrent dans le pécule, ce sont aussi les acquisitions à titre onéreux que le fils peut faire *ex causâ peculii*. Il joue en effet deux rôles, celui de *paterfamilias* à l'égard du pécule castrens, celui de *filiusfamilias* pour tout le reste. Le bénéfice des opérations qu'il fera avec son pécule lui appartiendra donc en propre ; si l'opération était faite *ex causa paganica*, le profit en reviendrait au père. Il pourra même *ex causa peculii* s'obliger envers son père et obliger son père envers lui civilement ; en dehors du pécule castrens il ne pourrait y avoir entre eux qu'une obligation naturelle. (Loi 15 § 1 et 2). Quant à l'esclave du pécule, tout ce qu'il acquiert par tradition ou par stipulation même du père de famille fait partie du pécule,

sans qu'il y ait à distinguer la cause de l'acquisition.
L'esclave, en effet, ne joue pas un double rôle comme
le fils, il n'appartient qu'au pécule, et toutes ses opérations s'y rapportent. (Loi 15, § 3).

CHAPITPE II

DROITS DU FILS DE FAMILLE SUR LE PÉCULE CASTRENS.

Le fils de famille a la pleine propriété des biens
composant le pécule castrens ; il est considéré relativement à ces biens comme un père de famille : *Filiusfamilias in castrensi peculio vice patrumfamilia-
rum funguntur*, dit Ulpien. Nous allons tirer de cette
assimilation plusieurs conséquences d'une haute importance :

C'est le fils qui a la possession légale de toutes les
choses du pécule ; c'est pour lui que s'accomplira l'u-
sucapion. (Loi 4, § 1.)

Dans la gestion des biens péculiaires, les fils de famille jouissent d'une indépendance absolue. Ils ne sont
soumis à aucun contrôle, ils n'ont d'autorisation à demander à personne et ne sont pas tenus de recevoir de
simples avis. Ils acceptent les successions qui leur
sont échues, sans avoir à demander à leur père le *jussus adeundi* ; ils les répudient également à leur gré.

(Loi 5.) Il en serait tout autrement, nous l'avons déjà vu, si cette succession devait tomber dans le patrimoine paternel.

Tous les contrats leur sont permis, ils peuvent aliéner les objets compris dans le pécule, soit en les donnant, soit en les vendant pour un équivalent qui tombéra dans le pécule. (Dig., loi 7, § 5 de donat. liv. 39, tit. 5 et Cod., loi 2 de cast. pec., liv. 12, tit. 36.)

Le sénatusconsulte Macédonien rendu dans le but de réprimer les usures et de prévenir les abus auxquels donnaient lieu les emprunts faits par des fils de famille, avait décidé que celui qui prêterait de l'argent à un *filiusfamilias*, sans le consentement du père de l'emprunteur, n'aurait aucune action, ni contre le père, ni contre le fils, quand bien même celui-ci deviendrait *sui juris*. Un *filiusfamilias* embrasse-t-il la profession des armes? les prescriptions du sénatusconsulte Macédonien cessent de lui être applicables dans les limites de son pécule castrens ; il peut recevoir une somme d'argent en *mutuum* et le prêteur aura une action contre lui. L'argent qu'il a reçu est censé avoir été emprunté pour les besoins du service, avoir été dépensé à l'armée, et cette considération vraie ou fausse suffit pour que l'on ne recherche pas la nature de l'emprunt, son but et l'usage plus ou moins heureux qui a pu être fait de l'argent prêté. (Dig., loi 2 ad. Sen. cons. Mac. liv. 14, tit. 6.)

Le fils conserve toujours la propriété de son pécule, le père ne peut l'en priver par aucun acte, pas même en l'émancipant ou en le donnant en adoption. (Loi 12.)

Lorsqu'il vient avec ses frères partager la succession paternelle, il ne leur doit pas le rapport de son pécule (Dig., loi 1, § 15, de collat. bonor, liv. 37, tit 6.) Il gardera par préciput, même les choses qui lui ont été données par son père. (Loi 4.)

Nous avons dit que les contrats formés entre le père et le fils, à l'occasion du pécule, engendraient une obligation civile ; l'exécution de cet obligation pourra donc être poursuivie en justice ; mais alors, par respect pour le caractère sacré du père, le fils devra obtenir la permission du préteur. (Loi 8, de *in jus voc.*, liv. 2, tit. 4.)

Entre le patrimoine paternel et le pécule castrens, la séparation est complète ; les créanciers de l'un n'ont aucune action sur les biens de l'autre. Le fils a seul l'exercice des actions relatives au pécule, il peut les intenter malgré son père (Loi 6, § 1). Mais à l'inverse, lui seul aussi répondra aux actions dirigées contre le pécule (Loi 18, § 4). Sur quel motif se fonder en effet pour demander au père le montant des obligations que son fils a contractées sans son consentement ? Il n'en a retiré aucun profit. Si ce fils détient des objets appartenant à autrui, ce n'est pas contre le *paterfamilias* que le propriétaire devra intenter la revendication. Le fils seul doit être actionné, ses créanciers ne sont pas même tenus de mettre en cause son ascendant. Mais le père veut-il, bien qu'il n'y soit pas obligé, défendre son fils ? Il ne peut le faire comme tout défenseur, qu'à la condition de donner caution de payer le montant intégral de la condamnation. Les biens composant le pécule sont menacés d'une ruine imminente, le chef de famille ne peut prendre en mains les intérêts compromis, qu'en garantissant que tout ce qu'il aura fait sera ratifié par le fils. (Loi 18, § 5.)

Il ne faut pas croire cependant que la puissance paternelle soit brisée, elle continue de produire les mêmes effets que par le passé, seulement elle vient expirer là où commence le pécule castrens. En dehors des limites de ce pécule, il ne peut être question de contrats passés entre le père et le fils, comme produisant des effets civils. (Code, loi 3 de cast. pec.) Les descendants *alieni juris* se trouvent de la sorte placés dans une situation bien complexe. Pour bien apprécier leur position, il est nécessaire de se placer à deux points de vue différents, au point de vue de la propriété individuelle des fils de famille et au point de vue de la propriété collective, dont l'ascendant *sui juris* est le souverain administrateur. Le fils de famille participe de deux personnes, régies chacune par un droit spécial, l'une se confond dans la personne du chef de famille, l'autre s'en distingue et dure autant que le pécule castrens.

Les droits des fils, en ce qui concerne leur pécule, sont fort étendus, ils seraient pourtant demeurés incomplets, si, à la faculté de disposer de leurs biens par acte entre vifs à titre onéreux, à titre gratuit, par donation à cause de mort, n'était venue s'en joindre une autre, celle de désigner un maître à leurs biens castrens pour le temps où ils ne seront plus. Les fils de famille durent attacher un grand prix à cette dernière faveur, d'autant plus qu'il leur était bien facile d'en user, les militaires jouissant d'importants priviléges, soit quant à la forme du testament, soit quant à l'exercice du droit de tester, soit quant à la capacité de ceux en faveur de qui ils pouvaient tester, soit enfin, quant à la liberté, à l'étendue et au mode de leurs dispositions.

Ces priviléges, primitivement concédés par le premier empereur Jules César, ne furent d'abord qu'une concession temporaire que Titus et Domitien renouvelèrent successivement. Transformée en règle générale par Nerva, la faveur accordée aux militaires fut confirmée par Trajan. *Militibus*, dit Ulpien, *liberam testamenti factionem, primus quidem divus Julius Cæsar concessit ; sed ea concessio temporalis erat. Postea vero divus Titus dedit ; post hoc Domitianus ; postea divus Nerva plenissimam indulgentiam in milites contulit camque et Trajanus secutus est.* (Dig., loi 1, de testam. milit. liv. 29, tit. 1). Que pouvaient refuser les empereurs à leurs fidèles compagnons d'armes ? *Secutus animi mei integritudinem erga optimos fidelissimosque commilitones*, dit Trajan dans son mandatum. Les priviléges juridiques s'ajoutaient aux flatteries.

I. — Priviléges relatifs à la forme du testament.

Les militaires n'étaient point astreints à suivre les règles du droit civil qui gênaient la liberté du testateur. La forme était indifférente, et Constantin s'écriait non sans un certain lyrisme : « Qu'elle soit écrite avec du sang sur le bouclier du soldat ou tracée avec la pointe de l'épée sur le sable, la volonté de celui qui va mourir vaut un testament. »

Les dispositions n'avaient même pas besoin d'être écrites ; on se contentait de la preuve testimoniale, mais combien fallait-il de témoins capables pour rapporter la volonté du militaire mort? Doneau prétend que le nombre de deux était considéré comme le minimum, mais n'y a-t-il pas là la trace de la vieille maxime du droit féodal : *testis unus, testis nullus*, et cette règle n'a-t-elle pas été introduite après coup, par les interprètes du Moyen-Age ?

Ce qu'il y a de certain, c'est que la volonté devait avoir été exprimée, non pas en termes sacramentels, mais d'une manière formelle et d'un ton sérieux. Si, dans une partie de plaisir, à la suite d'une débauche de table, un militaire avait dit à quelqu'un : Je t'institue mon héritier, cela ne constituait point un testament. Il ne suffisait même pas qu'une intention vague fût constatée, qu'un projet semblable eût été à certaine époque conçu par le militaire. Dans de pareilles conditions, on eût trouvé trop facilement des témoins de complaisance, se prêtant, contre la volonté réelle du soldat, à faire passer sa fortune sur la tête d'un fourbe. Il fallait que le disposant avertit les personnes présentes qu'il les prenait pour témoins de son testament ; il fallait qu'il donnât à ses paroles un sens actuel et positif, *serio egisse, non lusisse.* Si les termes impératifs n'étaient pas nécessaires, il fallait au moins qu'un ordre se trouvât dans la pensée. Tel est le sens d'un rescrit de l'empereur Trajan dont le texte nous est rapporté par Florentinus. Décision fort équitable, car, sans cela, le bénéfice accordé aux militaires se fût retourné contre eux et le premier venu eût pu accaparer leur succession, grâce à une parole imprudente qui leur serait échappée. (Loi 24, tit. 1ᵉʳ.)

Une question plus délicate se présente ici. Un militaire avait dit devant témoins, formellement, sérieusement, qu'il voulait avoir un tel pour héritier et qu'il ferait en sa faveur un testament dans la forme civile. Sur ces entrefaites, il venait à mourir sans que rien pût faire croire à un changement de volonté de sa part. En annonçant l'intention arrêtée chez lui d'instituer dans un testament, fait suivant le droit commun, une personne désignée, avait-il fait par là même, en faveur de cette personne, un testament selon le droit militaire ? Il pouvait sembler qu'il n'avait pas attaché une importance réelle à la déclaration devant témoins, puisqu'il avait senti le besoin de la confirmer par un écrit dans les formes civiles ; mais une renonciation au privilége militaire ne pouvait se supposer facilement. Pourquoi admettre que le soldat avait voulu se priver d'un droit

et non pas bénéficier des avantages du testament militaire comme de ceux du testament civil ? Certaine,
arrêtée, sa volonté était là encore complètement exé-
cutée.

Le militaire faisait donc un testament par la seule
expression de sa volonté ; il pouvait confirmer de même
le testament fait avant son entrée au service, et im-
parfait ou nul, suivant le droit civil. Il lui suffisait pour
cela de manifester l'intention de donner effet à ce
testament, par exemple, en y apportant quelque modification. Ce testament valait alors comme testament
militaire, *quasi ex nova militis voluntate*. Mais si le
testateur ne manifestait pas cette nouvelle volonté, le
testament restait nul, attendu que le privilége s'appli-
quait non point aux testaments des militaires, mais aux
testaments faits par des militaires.

Avant Justinien, les militaires pouvaient tester sans
l'observation des formalités, aussi longtemps qu'ils
étaient au service, qu'ils fussent ou non en expédition ;
cette faculté appartenait même aux vétérans. Justinien
apporta en cette matière une restriction importante ; il
décida que les soldats ne pourraient désormais tester
sans se conformer aux règles du droit commun, que
pendant la durée d'une expédition. « *Ne quidam pu-
tarent, in omni tempore licere militibus testamenta
quoquo modo voluerint componere, sancimus his
solis qui in expeditionibus occupati sint memora-
tum indulgeri circa ultimas voluntates conficiendas
beneficium.* »

Quelques auteurs ont pourtant soutenu que, même avant Justinien, les militaires n'étaient dispensés de l'observation des formes, qu'autant qu'ils testaient dans le cours d'une campagne, et que Justinien, malgré son assertion, avait purement et simplement consacré une règle qui existait déjà. En ce sens, on a d'abord invoqué ce passage d'Ulpien : « *Id testamentum quod miles contra juris regulam fecit, ita demum valet si vel in castris mortuus sit, vel post missionem intra annum.* » Cette expression *in castris mortuus*, désigne, dit-on, un soldat mort dans le cours d'une expédition, elle est synonyme de celle-ci : *Intra expeditionem mortuus* ; d'où l'on conclut que le militaire devait avoir testé précisément dans le cours de cette même expédition. Que ce raisonnement soit ingénieux, c'est possible, mais il n'est certainement pas concluant. Les mots : *miles in castris mortuus* ne doivent point en effet être isolés de ceux-ci qui les suivent immédiatement : *vel post missionem intra annum* ; ainsi rapprochés, ils s'expliquent sans peine. Le jurisconsulte suppose évidemment que le testateur est mort étant encore sous les drapeaux, et avant d'avoir obtenu son congé.

On ne s'en tient pas là, et on invoque deux constitutions, l'une d'Antonin, l'autre de Constantin, qui déclarent en effet toutes les deux que la dispense existe pour le militaire qui teste *in expeditione*. Mais cet argument n'est pas plus décisif que le premier. Il est fort possible, en effet, que cette mention ait été ajoutée par les compilateurs du Code, désireux de mettre ces deux constitutions d'accord avec la législation de Justinien. Cela est d'autant plus admissible, qu'il existe à l'appui du système que nous défendons des arguments fort probants. C'est d'abord un texte de Gaïus. Lorsque ce jurisconsulte recherche si le fils de famille qui teste sur son pécule castrens peut appeler son père comme témoin, il suppose que le testament est fait *post missionem* (Com. 2 § 106, in fine), c'est que *ante missionem* la question ne peut s'élever, puisqu'en sa qualité de militaire, le fils est dispensé de l'observation des formes. Dans l'opinion que nous combattons en ce moment, Gaïus n'aurait pas dû écrire *post missionem*, mais bien *intra expeditionem*.

« Enfin, dit M. Demangeat, le motif donné pour justifier le privilége accordé aux militaires, *propter nimiam imperitiam, propter simplicitatem militum*, se comprend fort bien si la dispense existe au profit de tout militaire, tandis qu'il ne se comprend plus si elle existe seulement au profit du militaire *in expeditione occupatus*. Dans ce dernier système, qui est celui de Justinien, le motif ne peut être que les dangers incessants auxquels sont exposés les militaires, l'impossibilité où ils sont de trouver le temps nécessaire pour accomplir toutes les formes requises. »

Quelle est la durée d'un testament militaire ? Poser cette question, c'est se demander si le testament qui a pu être fait *intra expeditionem quomodo testator voluit* va rester valable indéfiniment, ou si, au contraire, le testateur rentré dans ses foyers, ne devra pas le re-

commencer en se conformant cette fois aux règles ordinaires Le principe à cet égard est que lo testament
militaire ne vaut pas au delà d'un an, *post missionem*
pour qu'il ait effet, il faut que le testateur vienne à
mourir avant sa libération ou au plus tard dans l'année qui la suit. Remarquons qu'il s'agit ici d'un congé
honorable ou pour cause accidentelle, *honestam vel
causariam missionem.* Pour obtenir un congé honorable il fallait, à Rome, vingt années de service. Quand
un officier était remplacé, quand un soldat était congédié pour une cause honteuse, le testament qu'il avait
pu faire *quomodo voluerat* cessait immédiatement de
valoir.

Maintenant, qu'arrivera-t-il si le militaire ayant
testé *intra expeditionem*, vient à mourir *intra annum
post missionem*, mais qu'une condition opposée à l'institution ne s'accomplisse qu'après ce délai ? La difficulté vient de ce qu'en droit romain, lorsque l'institution
est conditionnelle, la succession s'ouvre non pas à la
mort du testateur, mais à l'arrivée de la condition.
Dans l'intervalle et jusqu'à l'adition, l'hérédité continue la personne du défunt, *sustinet personam defuncti.* Ne pourrait-on dire dès lors : le testament ne sera
pas valable, parce que la condition ne s'étant accomplie
que *post annum*, l'hérédité ne s'est ouverte qu'après
l'année ? Non, ce serait aller contre l'intention de la
loi ; si on donne un délai d'une année au militaire,
c'est pour lui laisser le temps de refaire son testament
selon le droit commun ; si ce temps lui a manqué, son

testament est valable, à quelque époque que se reportent ses dispositions ; or, par cela seul qu'il n'a pas eu une année, il n'y a pas de négligence à lui reprocher, et son testament doit être valable. Telle est aussi la solution de Justinien.

II. — *Priviléges relatifs à l'exercice du droit de tester.*

Non-seulement les militaires pouvaient faire un testament *quomodo voluerint*, mais cette qualité de militaire donnait la faculté de disposer de leurs biens à des gens qui n'auraient pu le faire s'ils avaient été civils ; nous voulons parler du sourd et du muet. On a agité la question de savoir si les empereurs avaient entendu parler du muet et du sourd de naissance ou du muet et du sourd par accident. Pour nous, la difficulté n'en est pas une. Il s'agit évidemment ici du sourd et du muet par accident. I! serait en effet absurde et honteux, dit le jurisconsulte Théophile, que le sourd ou le muet fussent admis ou restassent dans l'armée, car l'un n'entend pas les commandements de son chef, et l'autre, s'il fallait appeler aux armes, ne le pourrait pas. Dira-t-on que l'on comprend difficilement qu'un homme devienne muet par accident ? La paralysie de la langue n'est-elle pas une maladie connue ? Un militaire ne peut-il pas avoir la langue coupée ? Quant à la surdité accidentelle, elle est trop fréquente pour qu'il soit besoin d'expliquer dans quel cas elle peut se produire.

Sans doute, le soldat atteint d'une telle infirmité devait être congédié ; mais, entre le moment où il demandait son congé et celui où, après avoir été examiné par les médecins, il était renvoyé dans ses foyers, il s'écoulait un intervalle pendant lequel il jouissait encore du privilége appartenant à sa qualité de militaire.

La même qualité donnait également le droit de tester sans aucune forme, d'abord au déporté, ensuite au condamné à mort, mais seulement quand il devait subir cette peine pour un fait militaire et à la condition qu'il ne testât que sur son pécule castrens et comme militaire en activité. Déporté, condamné à mort pour un délit de droit commun, un civil, un soldat retiré du service n'avait plus le droit de disposer de ses biens, même du pécule castrens.

III. — *Priviléges relatifs à la capacité de ceux en faveur de qui on peut tester.*

Les militaires pouvaient instituer héritiers les déportés et presque tous ceux avec lesquels on n'avait pas la *factio testamenti*. (Dig. loi 13, § 2, liv. 29.) Tels étaient encore au temps de Gaïus les pérégrins, les latins Juniens, les célibataires, les orbi. (Gaïus, Com. 2, § 110 et 111.)

IV. — *Priviléges relatifs à la liberté, à l'étendue et au mode des dispositions testamentaires.*

Le testament militaire était plus largement, plus sainement interprété, parce qu'on écartait toutes les rigueurs du droit civil, celles du moins qui pouvaient empêcher l'exécution de la volonté du militaire.

Le testateur civil était tenu d'exhéréder expressément ses enfants ; cette exhérédation était faite nominativement *(nominatim)* pour les fils, *inter cæteros* pour les autres enfants. Le militaire n'avait qu'à garder le silence ; cette omission valait une exhérédation. Mais il fallait que ce silence fût intentionnel ; ainsi, la femme du testateur était enceinte, il mourait dans l'ignorance de ce fait, il n'avait pas témoigné qu'il fût disposé à déshériter tout enfant à naître, le testament était rompu, l'omission n'avait plus la portée d'une exhérédation.

Si le militaire savait sa femme grosse, si d'avance il avait témoigné sa ferme intention d'écarter de sa succession l'enfant qui devait lui venir, le testament où cet enfant était omis n'était pas rompu par sa naissance, ou du moins il reprenait aussitôt toute sa force, grâce à la volonté exprimée par le testateur. La loi française est plus humaine ; elle aurait dit que le testateur n'ayant pas encore connu la tendresse que la nature met au cœur des pères, n'avait pas fait une disposition opposable à son enfant.

La *querela inofficiosi testamenti* ne pouvait être intentée contre le testament militaire sous prétexte qu'il méconnaissait les devoirs d'affection du testateur envers ses proches. (Cod. loi 3, liv. 28, tit. 9).

Le militaire pouvait disposer testamentairement d'une partie seulement de ses biens et mourir *partim testatus, partim intestatus,* ce qui n'était pas possib'e pour une succession civile. Il pouvait instituer un héritier *ex certo die,* c'est-à-dire à partir d'une certaine époque, ou *ad certum diem,* c'est-à-dire jusqu'à une certaine époque. S'il laissait plusieurs testaments, ils étaient tous valables et recevaient leur exécution. (Dig., loi 19, loi 6, liv. 29, tit, 1); (Dig., lois 36 et 37).

D'après le droit commun, le testament du citoyen romain, bien que valable dans son principe, devenait *irritum* si le testateur éprouvait une *capitis deminutio* quelconque. Examinons quelles étaient sur ce point les exceptions produites par l'état militaire.

Un fils de famille fait son testament, il devient ensuite prisonnier de l'ennemi et meurt en captivité. Il est mort esclave et n'a pu dès lors laisser d'héritier testamentaire. La loi Cornelia exerce alors ses bienfaits. Elle fait rétroagir son décès au jour où il a été fait prisonnier. On le considère comme ayant perdu la vie en même temps que la liberté, son testament reste valable. La loi 14 de notre titre le déclare expressément. Cette mention était-elle pourtant bien nécessaire ? Oui, car la loi Cornelia, rendue à une époque antérieure à l'apparition du pécule castrens, ne s'occupait que des citoyens qui étaient *patresfamiliarum.* Un doute aurait donc pu s'élever relativement aux fils de famille, et voilà pourquoi Papinien a cru devoir s'exprimer formellement à cet égard.

La *media capitis deminutio* rendait aussi le testa-

ment *irritum*; mais nous savons déjà qu'une exception à cette règle avait été introduite en faveur de celui
qui l'avait éprouvée par suite d'une peine infligée pour
un délit militaire. Un rescrit d'Adrien lui permettait
de tester malgré sa condamnation, et Ulpien nous dit
qu'il pouvait alors tester selon le droit privilégié des
militaires. Cela posé, le jurisconsulte se demande quel
sera le sort de son testament s'il en avait fait un avant
sa *capitis deminutio* ? En droit strict, il sera *irritum*.
Mais faudra-t-il qu'il soit refait pour recouvrer sa
validité perdue ? Ulpien répond négativement, car,
puisque Adrien permet à ce condamné de tester, et
puisqu'il teste alors dans la forme militaire, la seule
volonté manifestée par lui de donner effet à ce testament suffit pour le faire considérer comme refait. *Et
si militari jure ei testandum sit, dubitari non oportet
quin si voluit id valere fecisse credatur.* (Dig., loi 6,
§ 6, liv. 28, tit. 3).

La *minima capitis deminutio* pouvait se produire
soit pour les chefs de famille par l'adrogation, soit
pour les fils de famille par l'émancipation ou par l'adoption. Mais, de quelque manière qu'elle arrivât, elle
avait pour résultat de rendre *irritum* le testament fait
par celui qui la subissait, sauf à lui à en faire un nouveau si sa nouvelle position le lui permettait. Par un
privilége spécial, les militaires n'avaient pas besoin de
tester à nouveau ; le testament fait par eux antérieurement conservait sa validité et était censé ne pas être
irritum.

Il ne saurait être question de pécule relativement à un *paterfamilias* ; il existe pourtant un cas dans lequel il y a intérêt à distinguer du reste de ces biens ceux qu'il a acquis *occasione militiœ*. La qualité de *paterfamilias* n'est pas irrévocablement attachée à celui qui la porte, on peut se démettre de la puissance paternelle ; on l'abdique quand on se donne en adrogation. Qu'arrivera-t-il si nous supposons que ce *paterfamilias* a désigné pour le jour où il ne sera plus un continuateur de sa personne juridique ? Devenu fils de famille, il n'a plus de patrimoine ; la volonté qu'il a manifestée dans son testament ne saurait avoir de signification. Ce testament n'est-il pas, d'ailleurs, devenu *irritum* par la *capitis deminutio* que le testateur a encourue ? C'est alors qu'apparaît la faveur que nous devons signaler. Ce *paterfamilias* était retiré du service au moment où il s'est donné en adrogation, il n'en possédera pas moins un pécule castrens comprenant tous les biens qu'il a acquis à l'armée. Conserve-t-il la profession des armes, on voit alors se produire des changements bien remarquables. Dans le même individu un *paterfamilias* fait place à un fils de famille. Un pécule se substitue à un patrimoine, le testament, lui-même, se modifie pour ne pas périr ; il se restreindra exclusivement à des biens en vue desquels il n'a pu être fait ; il s'appliquera au pécule qui se forme pour ainsi dire rétroactivement. Ce nouveau fils de famille trouvera donc un pécule castrens et un testament qu'il confirmera par une volonté tacite que l'on dira nouvelle. (Dig., loi 12, de cast. péc. Dig., loi 22 de milit. testam.)

Un *filiusfamilias* militaire teste sur son pécule castrens, puis il est émancipé ; bien qu'étant devenu ainsi chef de famille , il n'ait plus aucun pécule, mais des biens formant une seule et même masse, le testament fait pour le pécule castrens s'appliquera à cette nouvelle situation comme s'il avait été fait pour elle (Cod., liv. 3, tit. 28, lois 37 et 22).

Le fils de famille peut enlever à son père par son testament son pécule castrens. Mais s'il n'a pas usé de cette faculté, ou si l'héritier institué répudie, le père reprend le pécule *jure pristino* en vertu de sa *patria potestas.*

⋘⋙

CHAPITRE III

DROITS DU PÈRE SUR LE PÉCULE CASTRENS.

Le fils de famille étant propriétaire de son pécule, il semble que nous devons refuser au père pendant la vie de son fils tout droit sur les biens péculiaires. C'est ce que paraissent dire, en effet, certains textes. *Nec in eo ullum jus patris est,* dit notamment la loi 3 au Code. Il faut pourtant se garder de donner à ces mots un sens trop étendu ; ils signifient seulement que le père n'a pas actuellement le droit de disposer des biens du pécule. Mais comme ce pécule peut lui revenir *jure pristino* si le fils meurt intestat, cette éventualité suffit pour que l'on ne traite pas le *paterfamilias* comme un étranger.

Les jurisconsultes romains ont recours à une ingénieuse comparaison pour faire connaître les droits du père de famille. Ces droits, nous disent-ils, sont semblables à ceux que conserve un interdit à l'encontre de son patrimoine ; or, le prodigue interdit peut rendre sa position meilleure. *Si cui bonis interdictum est stipulando sibi adquirit, tradere vero non potest.* (Loi 6, de verb. oblig. liv. 45, tit. 1). Le père pourra, par conséquent, acquérir au pécule des servitudes actives, le libérer des servitudes passives qui le grèvent ; en un mot il pourra rendre meilleure la position du pécule, mais il ne pourra jamais la rendre plus défavorable. (Dig., loi 18, § 1 et 3).

La comparaison des jurisconsultes n'est pas cependant complètement exacte ; à un certain point de vue les pouvoirs du père sont plus étendus que ceux du prodigue interdit. Il est possible, en effet, que certains actes de disposition faits par le père soient valables. Le jurisconsulte Mœcien distingue entre les actes de nature à entraîner une aliénation immédiate qui sont radicalement nuls et les actes dont l'effet ne doit se produire qu'à une époque plus reculée ; pour ceux-ci, il est impossible de donner de suite une décision, il est nécessaire, pour juger de leur validité, de se reporter au moment de leur exécution ; si à cette époque le pécule a été recueilli par le père, et par, suite, si le fils est mort intestat, ils seront valables ; dans le cas contraire, ils seront nuls. (Dig., loi 18, § 1.)

D'où les deux conséquences suivantes : Le paiement que le père voudrait faire avec une chose du pécule ne le libérerait pas, car il n'en a pas transmis la propriété. Au contraire, la vente qu'il ferait sous condition serait valable, si, à l'arrivée de la condition, les droits du père se trouvaient confirmés par le retour du pécule. Si le *paterfamilias* veut affranchir par la vindicte l'esclave du pécule, l'affranchissement est nul. (Dig., loi 19, § 4.) Il est valablement fait par testament si le fils meurt intestat et que le père lui survive. (Loi 9, — loi 19, § 4.)

Les droits des fils de famille, en ce qui concerne leur pécule, ne paraissent devoir laisser rien à désirer ; ils sont cependant plus absolus en apparence qu'en réalité, ce ne sont en effet que des droits conditionnels. La condition qui vient en restreindre l'étendue, en modifier la plénitude, c'est que les fils useront de tous les priviléges qui leur sont accordés, et surtout du plus important, qu'ils disposeront par acte de dernière volonté de leur pécule. Nous arrivons ainsi à l'étude de la situation du père vis-à-vis du pécule castrens après la mort de son fils. Pour bien s'en rendre compte, il est nécessaire de distinguer quatre hypothèses que nous allons examiner successivement.

Première hypothèse. — Le fils n'a pas fait de testament.

Dans ce cas, le pécule revient au père qui le reprend, non pas à titre d'héritier, mais en vertu de sa *patria potestas, jure peculii.* Le fils a vécu indépendant ; il meurt intestat, sa personnalité s'efface, il meurt *alieni juris,* son indépendance disparaît avec son dernier souffle. Il est censé être resté toujours et complètement soumis à la puissance de son ascendant. Le droit du père, qui avait sommeillé pour ainsi dire, se réveille avec son énergie et son étendue primitives. Ce n'est pas, nous dit Ulpien, une acquisition nouvelle, les biens semblent plutôt lui avoir toujours appartenu. *Non nunc obvenisse patri, sed non esse ab eo profectum creditur.* Et il ajoute : *Dicebam... retro peculium patris bonis accessisse.* (Loi 9.) Tryphoninus formule ce principe de la manière la plus explicite : « Le droit du père sur le pécule castrens n'a d'autres limites que celles qu'il reçoit des actes de disposition faits par le fils en vertu du droit qui lui a été concédé, mais s'il meurt intestat, le père reprend le pécule d'après l'ancien droit, comme par une sorte de *postliminium* et il paraît en avoir la propriété rétroactivement. *Quoad utatur jure concesso filius in castrensi peculio, eo usque jus patris cessat ; quod si intestatus decesserit filius, postliminii cujusdam similitudine pater antiquo jure habet peculium, retroque videtur habuisse rerum dominia.* » Plus loin il ajoute : *In pendenti habemus dominia ut ex facto retro fuisse*

aut non fuisse patris credamus. » (Loi 19, § 3 et 5.)
En d'autres termes, nous dirons que le fils était propriétaire, sous la condition résolutoire qu'il disposerait des
objets composant le pécule ; il ne l'a pas fait, la condition résolutoire est accomplie, son droit est effacé, et
celui du *paterfamilias*, qui existait sous la condition
suspensive inverse, naît rétroactivement.

Malheureusement, tous les jurisconsultes n'admet-
taient pas aussi franchement qu'Ulpien et Tryphoninus
le principe de la rétroactivité. De ces divergences
naissent de sérieuses difficultés pour l'intelligence des
textes. Nous avons établi que lorsque le père reprend
jure pristino les choses du pécule, les actes d'aliénation
qu'il a pu faire du vivant de son fils, mais dont l'effet
ne devait se produire qu'après le retour du pécule
entre ses mains, sont valables. Tryphoninus nous donne
pour exemple l'affranchissement conféré par le testament du père à l'esclave du pécule. Toutefois, il ne se
dissimulait pas les objections que soulève cette discussion. Voici en effet comment on peut raisonner. Pour
qu'un affranchissement testamentaire soit valable, il
faut que le testateur ait eu la propriété de l'esclave,
1° Au moment de la confection du testament, 2° Au
moment de sa mort ; or, quand le père a fait son testament, c'était le fils qui était propriétaire. Cela est si
vrai, que si l'esclave avait été affranchi à la fois par le
testament du père et par le testament du fils, ce serait
non du père, mais du fils qu'il tiendrait la liberté ; donc,
le père n'étant pas propriétaire au moment où il a testé,

l'affranchissement est nul. Le jurisconsulte le déclare pourtant valable en se fondant sur le principe qui attribue rétroactivement le pécule au chef de famille.

Deuxième hypothèse. — Le fils a fait un testament dans lequel il a institué une autre personne que son père, mais l'héritier institué a répudié.

Le testament est alors *destitutum* et la *patria potestas* reprend ses droits sur le pécule. Toutefois, pendant que l'héritier institué délibérait, il s'est écoulé un temps plus ou moins long, pendant lequel le pécule ressemblait à une hérédité jacente. Peut-on dire encore qu'après la répudiation, le père le retrouve rétroactivement?

Tout d'abord, l'affranchissement de l'esclave péculiaire sera-t-il valable ? Tryphoninus reconnaît lui-même que la solution affirmative devient plus difficile à admettre : « *Non tam facile est dicere continuatum patri post mortem filii dominium.* » Pendant que l'héritier délibère, il y a en effet comme une succession et à ce moment le père n'est pas propriétaire. Décider le contraire, ce serait dire que lorsque l'héritier fait adition, il tient l'hérédité, non du fils, mais du père, ce qui serait absurde, l'héritier étant nécessairement le continuateur de la personne du défunt. Le père n'est donc devenu propriétaire que par la répudiation, par conséquent le legs est nul. Le jurisconsulte se prononce pourtant encore pour la validité de l'affranchissement, mais il éprouve visiblement une certaine hésitation ; le principe de la rétroactivité ne lui paraît plus un motif suffisant, il invoque, en outre, la faveur due à la liberté. (Loi 19, § 5.). Ulpien est beaucoup plus catégorique, le principe de rétroactivité lui suffit ; pour lui un legs de choses quelconques du pécule serait tout aussi valable que le legs de liberté ; l'héritier ayant répudié, c'est comme si le fils était mort intestat, le pécule est réputé avoir toujours appartenu au père. « *Non nunc obvenisse patri, sed non esse ab eo perfectum creditur.* » C'est en se basant sur le même principe qu'Ulpien décide dans la même loi que le pécule irait encore se joindre aux biens du père, alors même qu'il serait mort pendant que les héritiers délibèrent. Sa succession se trouve augmentée rétroactivement par la répudiation des héritiers. « *Unde posse dici etiam aucta patris bona per hanc repudiationem.* » Cette rétroactivité n'a à ses yeux rien d'étrange, le même effet se produisant dans d'autres circonstances. Supposons en effet que le fils d'un prisonnier de guerre vienne à mourir pendant que son père est en captivité ; tout est en suspens ; il sera mort *alieni juris* et avec un pécule si son père recouvre la liberté, *sui juris* et avec une hérédité si le père meurt chez l'ennemi, et son héritier recueillera tous ses biens, même ceux acquis depuis la captivité du père, le décès de celui-ci rétro-agissant alors au jour où il a été fait prisonnier. Cette décision avait soulevé des doutes au temps de Gaïus ; quelques jurisconsultes prétendaient que les enfants ne devenaient *sui juris* qu'à la mort du père ; mais l'opinion d'Ulpien avait fini par triompher. Justinien la consacre aux institutes. (Quib. mod. jus potest. solv. liv. 1, tit. XII.)

Le bénéfice des stipulations faites, ou des traditions reçues par l'esclave du pécule pendant que les héritiers délibèrent, appartiendra-t-il au *pater-familias* ? Oui, répond Ulpien, car tout doit se passer comme si l'esclave avait toujours appartenu au père. « *Omnia ut in proprio patris servo spectanda.* » (Dig., loi 33 *de adq. rer. dom.* liv. 41, tit. 1.) Telle était aussi l'opinion de Marcellus et de Scævola. Papinien était d'un avis contraire. Suivant lui, le père n'a pas la propriété du pécule dans l'intervalle qui s'écoule entre la mort du fils et la répudiation ; l'esclave n'ayant pas de maître au moment où il a stipulé n'a rien fait de valable. *Nullius momenti videtur cum in illo tempore non fuerit serevus patris.* (Loi 14, § 1er.) Ce paragraphe se termine pourtant par ces mots absolument contraires à ce que le jurisconsulte vient d'établir : « *Sed paterna verecundia nos movet quatenus et in illa specie, ubi jure pristino apud patrem peculium remanet, etiam adquisitio stipulationis, vel rei traditæ per servum fiat.* »

Tous les commentateurs sont d'accord pour reconnaître qu'il y a là une interpolation, mais ils ne s'entendent pas sur la question de savoir à qui ce passage doit être attribué. L'opinion la plus vraisemblable est que l'interpolation provient des rédacteurs des Pandectes ; c'est bien là en effet la langue du Bas-Empire et le style de Tribonien. *Paterna verecundia* n'est qu'une expression oratoire fort goûtée de Justinien, qui n'aurait point été donnée par les jurisconsultes classiques comme une raison juridique ; *quatenus* dans la bonne latinité, n'a pas le sens de *à ce que, à tel point* dans lequel on l'emploie ici.

Le paragraphe 2 de notre loi porte que le père acquiert le legs fait à l'esclave pendant que les héritiers délibèrent. Y a-t-il une contradiction à ce que le jurisconsulte vient de décider pour la stipulation ? Non, l'efficacité de la stipulation, même conditionnelle, faite par un esclave, se détermine en effet d'après l'époque où elle a lieu. *Ex præsenti vires accipit.* (Dig., loi 26 de stipul. servor. liv. 45, tit. 3.) *In stipulatione id tempus spectatur quo contrahimus.* (Dig., loi 78, de verb. oblig. liv. 45, tit. 1.) Le legs fait à l'esclave peut au contraire se trouver en suspens, il ne produit son effet que lorsque l'esclave a un maître capable d'en profiter, c'est-à-dire dans notre hypothèse à l'époque de la répudiation. C'est ainsi que le *dies cedit* du legs d'usufruit fait à un esclave héréditaire est reculé jusqu'à l'adition de l'hérédité dont l'esclave fait partie, tandis que la stipulation d'un droit d'usufruit, que ferait l'esclave héréditaire , serait complètement nulle , puisqu'il ne peut y avoir d'usufruit sans une personne capable d'en jouir réellement, et qu'au moment où la stipulation intervient et doit se fixer, il n'y a encore qu'une hérédité jacente.

Troisième hypothèse. — Le fils a fait son testament et a institué son père héritier.

Usant de la faculté de tester qui lui est accordée, un fils peut instituer son chef de famille pour héritier. Ce sera alors à titre d'hérédité et non plus à titre de pécule que le père prendra les biens castrens ; il puisera ses droits, non plus dans sa puissance paternelle, mais dans son institution. Il a alors pour réclamer les biens qui composent le pécule castrens, une action qui peut les embrasser tous, la *petitio hereditatis*. Lorsqu'il agit au contraire en sa qualité de *paterfamilias*, il ne peut les réclamer comme un patrimoine, puisque ses droits se basent sur ce que ce patrimoine n'a été qu'une fiction qui n'a eu qu'un instant de durée, il est obligé de les réclamer séparément par la *rei vindicatio*. (Dig., loi 34, *de hered. pet.* liv. 6 tit. 1 et loi 56 *de rei vind.* liv. 5, tit. 3.)

Cette solution peut paraître en opposition avec le principe énoncé dans le paragraphe 3 de la loi 1re au même titre. Nous y voyons en effet que la revendication s'applique également et aux *universitates*, et aux objets particuliers ; le pécule étant un *nomen juris*, devrait donc faire l'objet d'une action unique. La difficulté n'est qu'apparente, une simple distinction suffit pour la faire disparaître.

La revendication s'applique parfaitement aux *universitates facti*, c'est-à-dire aux collections de choses de même espèce réunies sous une dénomination commune, à un troupeau, par exemple, mais elle ne s'applique point aux *universitates juris*. Une seule exception avait été admise pour le cas où un patrimoine constituait une hérédité ; on avait imaginé une action spéciale. Le pécule qui était dévolu par testament constituait lui aussi une espèce d'hérédité, et, à ce titre seulement, pouvait devenir l'objet de la *petitio hereditatis*. Cette action n'était autre chose qu'une revendication collective, semblable à la *rei vindicatio* quand elle avait trait à des *universitates rerum*.

Un objet péculiaire est soustrait avant que le père ait pris possession du pécule ; s'il vient comme héritier, il ne peut intenter l'action *furti*. Tout se passe comme s'il s'agissait d'une *res nullius*, le *paterfamilias* n'avait point de droits reconnus sur cet objet, il faisait partie d'une hérédité jacente. Avec le ltemps on en vint à considérer l'hérédité jacente comme une personne ; l'heritier, après avoir fait adition, peut exercer une *persecutio extraordinaria*, le *crimen expilatæ hereditatis* contre le voleur. Mais jamais on n'arriva à lui accorder l'action *furti*. Le père se présente-t-il *jure peculii*, l'objet volé lui a toujours appartenu, la soustraction faite est un vol, il y a lieu à l'action *furti* et à la *condictio furtiva*. Dig., loi 33, § 1 *de adq. rer. dom.* liv. 41, tit. 1).

Le fils a pu, en instituant son père, lui imposer l'obligation de payer des legs ; il ne saurait être question de legs quand le père reprend le pécule *jure peculii*. Remarquons qu'il importait de distinguer si le fils a testé *jure militari* ou *jure communi* : dans le premier cas, la loi Falcidie n'existe pas, le père devra acquitter les legs jusqu'à concurrence du pécule ; dans le second, il pourra retenir le quart en vertu de la loi Falcidie. (Loi 17, § 1).

Enfin, le père venant comme héritier est tenu de payer les dettes *ultra vires,* les créanciers exerceront contre lui et de la même manière qu'à l'encontre du défunt les actions qu'ils pouvaient avoir sur ce dernier. S'il vient en vertu de sa *patria potestas,* il ne peut être poursuivi que *intra vires peculii,* il n'est tenu en effet à l'égard des créanciers que parce qu'il détient des biens qui sont leur gage. Du moment qu'il n'en existera plus entre ses mains, ils n'auront plus rien à lui demander. De plus, ils ne peuvent l'attaquer que pendant une année utile, c'est-à-dire une année qui commence à courir du jour où ils ont pu faire valoir utilement leurs droits. (Loi 17).

Mais le *paterfamilias* ne pourra-t-il pas, pour se soustraire aux charges imposées par le testament de son fils, répudier l'hérédité, afin de reprendre les biens *jure peculii?* Cette fraude a été prévue ; le père qui agirait ainsi n'en serait pas moins traité dans ses rapports avec les légataires comme un héritier testamentaire. Il se trouverait en effet sous le coup de l'édit du préteur. *Si quis omissa causa testamenti ab intestato vel alio modo possideat hereditatem,* qui a précisément pour but de prévenir ces calculs frauduleux. Ajoutons pourtant que si la répudiation avait pour cause l'insolvabilité du pécule, l'édit serait inapplicable et le père ne serait tenu vis-à-vis des légataires que pendant une année. (Loi 17, § 1).

Le legs de liberté que le père de famille aurait fait du vivant de son fils à l'esclave du pécule sera-t-il valable à la mort du fils? Il semble bien que non ; on ne peut en effet dire ici, comme dans le cas où le fils est décédé *intestat,* que le père recouvre rétroactivement la propriété du pécule ; c'est le testament seul qui la lui donne ; l'affranchissement émanant *a non domino* doit donc être nul, malgré l'acquisition postérieure de l'esclave. (Dig., loi 20, *qui et a quib.* liv. 40, tit. 9). Paul déclare pourtant ce legs valable en se fondant sur la faveur due aux affranchissements. (Loi 20).

Quatrième hypothèse. — Le fils a institué héritier un étranger qui fait adition.

Dans ce cas, le père n'a plus aucun droit sur le pécule castrens ; la condition ne s'est point accomplie, le fils a disposé de ses biens. Les actes éventuels faits par le père sont nuls.

L'héritier en recueillant la succession la trouvera grossie des stipulations que l'esclave péculiaire aura pu faire, ou des traditions qu'il aura reçues pendant la vacance. Le pécule constituant, pendant que l'héritier délibère, une véritable hérédité jacente, le principe *hereditas nundum adita defuncti personam sustinet* s'y applique, et l'esclave empruntant la capacité de son maître a pu valablement stipuler. Cette décision qui est celle d'Ulpien est pourtant en opposition avec celle que donne Papinien dans la loi 18 *de stipul. servor.* liv. 45, tit. 3. Le jurisconsulte suppose un esclave commun entre Mœvius et un pécule castrens, dont le maître est mort en laissant un héritier qui n'a pas encore fait adition ; et il décide que le bénéfice des stipulations faites par l'esclave appartiendra en entier à Mœvius. Il se refuse à voir dans le pécule une hérédité jacente. D'après lui, le privilége accordé au fils par les constitutions impériales consiste seulement en ce qu'il peut tester, et il ne produit pas d'effet tant que le testament n'a pas été confirmé par l'adition. La loi 14, § 1 de notre titre contient il est vrai une décision opposée, mais il est fort probable que ce fragment dans lequel nous avons déjà constaté une interpolation aura été remanié et mis d'accord avec la théorie d'Ulpien qui avait fini par triompher.

Tel était avant Justinien l'état du droit sur le pécule castrens, mais cet empereur introduisit ici une innovation considérable ; il étendit au pécule castrens l'ordre de succession adopté pour le pécule *adventice*. On eut alors pour ce pécule deux sortes d'héritiers. Lorsque les héritiers testamentaires venaient à faire défaut, les héritiers *ab intestat* se présentaient dans l'ordre suivant : les descendants du *filiusfamilias*, ses frères et sœurs, son ascendant. « *Si vero intestati decesserint, nullis liberis vel fatribus superstitibus ad parentes eorum jure communi pertinebit.* » (Justit., liv. 2, tit. XII). Mais l'ascendant reprenait-il alors les biens *jure peculii* en vertu de sa *patria potestas*, ou ne les avait-il qu'à titre héréditaire, *jure hereditario?* Quel est en un mot le sens de cette expression *jure communi?* Les commentateurs sont divisés. Suivant Cujas, à l'avis duquel se range M. Ortolan, elle signifie *jure peculii*. Mais il me paraît bien difficile d'admettre cette opinion. Comprendrait-on que le père exerçant le droit de retour résultant de la *patria potestas* ne primât pas tous les autres parents comme il le faisait autrefois. Justinien, qui reconnaît pour le pécule castrens une hérédité légitime, qui adopte le système déjà existant pour le pécule *adventice* où le père ne vient certainement que *jure hereditario*, se serait-il arrêté dans cette réforme pour conserver un débris d'ancien droit qui ne se rattache plus à rien dans la législation nouvelle ? Les enfants ou les frères du *filius-familias* viennent d'ailleurs certainement en qualité d'héritiers ; à défaut d'enfants ou de frères, c'est donc aussi à titre d'héritier que le père doit venir.

Quoi qu'il en soit, la novelle 118, postérieure de dix ans seulement aux Institutes, ne reconnaît plus au père qu'un droit héréditaire. Dans le nouvel ordre successoral qu'elle établit, le père vient à défaut de descendants et exclut tous les collatéraux, sauf les frères et sœurs germains avec lesquels il concourt.

DROIT FRANÇAIS

« L'armée.... c'est l'avenir de
la Patrie. »

*Mgr Dupanloup, discours à l'As-
semblée nationale du 20 mai 1871.*

INTRODUCTION

La constitution des forces militaires d'une nation
comprend deux parties bien distinctes, le recrutement
qui assure au pays le nombre d'hommes jugé nécessaire pour sauvegarder son indépendance, l'organisation qui règle l'emploi de ces valeurs acquises. En
France, avant 1872, le Pouvoir Législatif ne s'occupait
que des éléments de la force et de la remise de cette force
aux mains du gouvernement par le vote annuel du
contingent; c'était au Pouvoir Exécutif qu'appartenait
l'organisation. C'est au second Empire, par exemple,
qu'a appartenu l'organisation de notre armée.

L'expérience a montré le vice d'un semblable système, qui avait pour résultat de soustraire l'état exact de l'armée au contrôle des représentants du pays. Désormais le Pouvoir Exécutif, dans son travail d'organisation, s'appuyera sur des bases posées par le Pouvoir Législatif.

Une étude complète de notre législation militaire devrait donc comprendre deux parties ; mais la loi d'organisation, loi exclusivement militaire, exige pour être bien comprise et sainement appréciée, des connaissances spéciales que possèdent seuls ceux qui ont fait une étude approfondie des questions militaires ; elle ne saurait donc faire l'objet de ce travail.

La loi de recrutement, au contraire, est une loi civile et politique, en quelque sorte autant que militaire ; elle touche à la constitution générale du pays, au bon ordre de ses finances ; elle intéresse le développement de l'agriculture, de l'industrie, du commerce, des arts, l'accroissement de la population ; car si une force militaire est nécessaire à un pays pour se défendre contre les ennemis du dehors et assurer à l'intérieur le maintien de l'ordre et le respect des lois, il ne faut pas qu'il sacrifie à cette force ses conditions mêmes d'existence et de vitalité. La meilleure loi de recrutement sera donc celle qui assurera à l'armée le nombre et la solidité, sans arrêter le développement général de la nation, sans tarir les sources de la richesse publique. Nous verrons par quelles ingénieuses dispositions la loi du 27 juillet 1872 s'est efforcée de satisfaire à la fois l'intérêt militaire et l'intérêt civil ; mais auparavant il est nécessaire de jeter un coup d'œil sur les temps passés.

CHAPITRE I

HISTOIRE DU RECRUTEMENT DES ARMÉES FRANÇAISES.

La plupart des armées de l'antiquité se composaient, pour une très grande partie, d'aventuriers. Les Carthaginois, par exemple, avaient à leur solde des hommes de tous les pays. L'armée avec laquelle Annibal envahit l'Italie était composée d'Africains, d'Espagnols et de Gaulois.

Parmi les peuples anciens, les Grecs et les Romains possédaient seuls une armée véritablement nationale.

A Rome, tous les citoyens de 17 à 46 ans étaient tenus au service militaire, et nul ne pouvait être nommé à une fonction publique s'il n'avait fait la guerre pendant dix ans au moins. Les levées se faisaient chaque année, dans une assemblée de 14 tribuns militaires au Capitole. L'armée romaine se composait, à l'origine, de quatre légions. Pour que ces quatre légions fussent composées d'hommes d'une valeur égale dans leur ensemble, les chefs de chaque légion choisissaient successivement quatre hommes parmi les soldats appelés.

Après un premier choix, les chefs en faisaient successivement un second, puis un troisième, et ainsi de suite, jusqu'à ce que le recrutement fût complet. De cette façon, chaque légion se trouvait composée de soldats de même âge et de même force en même nombre. On appelait conscrits les soldats appelés au service, parce qu'ils étaient inscrits *(conscripti)* sur des registres tenus dans chaque légion. Le recrutement se faisait de la même manière dans les provinces et les colonies romaines, d'après les ordres expédiés par les consuls. Ce mode de recrutement était désigné sous le nom de *legitima militia.*

Mais Rome ne prenait pas toujours l'initiative de la guerre, elle était parfois menacée d'invasion. Dans ce cas, on ne pouvait recourir aux formes un peu lentes de la *legitima militia.* On procédait par voie de levée en masse. Le Sénat proclamait que la République était en danger. Les consuls faisaient un appel patriotique aux citoyens : « *Qui rempublicam salvam esse vult me sequatur.* » On hissait deux drapeaux, l'un pour la cavalerie, l'autre pour les fantassins. Chacun, à ce signal, revêtait l'habit militaire et accourait sur le forum. Tous ensemble, pour plus de promptitude, prêtaient le serment militaire. C'était ce qu'on appelait la *conjuratio.*

Il y avait aussi l'*evocatio.* C'était la levée faite aux alentours de Rome par des commissaires au recrutement.

Sous l'Empire, ce système de recrutement se modifin complètement ; le service militaire cessa d'être obligatoire et chacun put se dispenser de servir en fournissant un remplaçant ou en payant une certaine somme d'argent.

En France, jusqu'à l'établissement définitif des armées permanentes sous Charles VII, tous les citoyens placés sur les terres du Roi étaient assujettis au service militaire. Aussi, dans les circonstances extraordinaires, les souverains avaient-ils le droit d'appeler sans exception tous leurs sujets à la défense de l'État. Mais tous n'entraient pas en campagne. Les comtes et les barons, chargés d'effectuer les levées, faisaient un choix dans la population. Le clergé, la noblesse et le tiers-état devaient contribuer à la défense du royaume, soit de leur personne, soit en fournissant des hommes.

L'appel du ban convoquait sous les armes, à un moment donné, le nombre d'hommes fixé à l'avance pour chaque ville ou bourgade. Ces soldats improvisés étaient à la paix ou à la fin de la campagne, renvoyés dans leurs foyers. Dans les circonstances exceptionnelles, on appelait sous les drapeaux la portion qui n'avait pas encore été demandée, et de plus, celle qui avait été congédiée après la dernière expédition. On disait alors que le ban et l'arrière-ban étaient convoqués pour la défense de la patrie.

On serait tenté de croire qu'un pareil mode de recrutement devait mettre à la disposition du Roi un nombre d'hommes considérable. Il n'en était rien cependant, car l'administration sans contrôle et sans base bien assurée de cette époque, ne permettait de remplir que très incomplétement les ordres du souverain. L'introduction des troupes étrangères est la conséquence immédiate d'un état de choses qui ne fournissait pas toujours dix mille hommes au Roi qui en avait demandé et qui croyait pouvoir compter sur cinquante mille.

L'appel du ban et de l'arrière-ban fut pourtant, jusqu'à Charles VII, le seul système de recrutement en usage. Après avoir reconquis son royaume sur les Anglais, ce prince sentit la nécessité d'organiser la France et d'établir une armée véritablement nationale. Avant de réaliser ce projet, il était indispensable de se débarrasser des hordes d'aventuriers qui avaient aidé le Roi à recouvrer sa couronne. La bravoure de ces troupes était incontestable, mais leur indiscipline était incompatible avec toute bonne administration. Toutefois, en choisissant dans leurs rangs, on pouvait former une excellente armée. C'est ce que fit Charles VII ; il licencia les bandes et conserva seulement un corps de neuf mille hommes à cheval. Ces neuf mille hommes furent divisés en 15 compagnies de 600 hommes chacune ; on choisit pour les commander, dit un auteur du temps, des capitaines vaillants, sages, experts en fait de guerre, et non de jeunes et grands seigneurs. Cette armée fut ensuite disséminée dans l'intérieur du royaume, dans les places fortes et dans les capitales des provinces.

Charles VII et Arthur de Richemond avaient rendu

la cavalerie permanente, ils voulurent aller plus loin et créer également une infanterie permanente et nationale. Dans cette seconde entreprise ils n'obtinrent qu'un succès éphémère.

Les fantassins nouveaux s'appelaient Francs-Archers. On en leva un par paroisse ; puis un par cinquante feux. Cet homme recevait quatre deniers par mois ; il s'équipait à ses frais. Quand il était trop pauvre pour faire cette dépense, la commune lui fournissait les armes, mais en gardait la propriété. Soldés par le Roi et entretenus par la paroisse, les Francs-Archers étaient dispensés de la taille et autres charges. Ils étaient d'abord passés en revue par des châtelains du voisinage ; mais on s'était vite aperçu que la négligence et la faveur rendaient ces *montres* illusoires, et on avait institué des capitaines spéciaux. Recevant leur solde en temps de paix comme en temps de guerre, pouvant sauf les revues et les exercices de tir, se livrer librement aux travaux agricoles, les Francs-Archers n'avaient aucun intérêt à entrer en campagne ; aussi marchaient-ils de mauvais gré, « *fort dégarnys de cœur et de petite value.* » Après un premier essai de réorganisation, Louis XI abandonna cette milice dont les restes furent anéantis à la bataille de Guinegatte.

François Ier reforma les Francs-Archers sous le nom de légions, et donna à chaque légion le nom de la province d'où elle était tirée. Mais il fut, lui aussi, obligé de renoncer à se servir régulièrement de pareilles troupes ; aux légions, comme aux Francs-Archers, il

manquait l'expérience dans le maniement des armes,
l'esprit militaire, la confiance en soi, le point d'honneur.

Dans l'impossibilité où se trouvèrent souvent nos
rois de recruter le nombre d'hommes qui leur était
nécessaire, ils imaginèrent de laisser le soin du recrutement aux capitaines, et de les obliger à tenir leur
compagnie au complet. Pour combler les vides qui se
produisaient, les capitaines chargeaient des agents infé-
rieurs de recruter des jeunes gens. Ces racoleurs,
comme on les appelait, parcouraient les villes et les
campagnes, faisaient aux paysans et aux ouvriers le
tableau le plus séduisant de l'état militaire, et finale-
ment offraient une somme d'argent. Ce faible appât
suffisait le plus souvent pour déterminer de malheureux artisans endettés ou sans ouvrage, ou des paysans
trop crédules à aliéner leur liberté. Résistaient-ils aux
offres qui leur étaient faites, les racoleurs ne se décou-
rageaient pas pour cela, ils les emmenaient dans des ta-
vernes, les enivraient et leur faisaient alors signer, de
gré ou de force, un acte d'engagement. Le recours
contre ces violences des racoleurs était illusoire. En
vain avait-on ordonné que l'engagement serait visé
dans les vingt-quatre heures par un commissaire des
guerres, en présence de l'engagé qui devait renouveler son consentement ; le conscrit intimidé par les me-
naces du recruteur, et qui avait d'ailleurs le plus souvent dépensé en partie la prime d'engagement, était

dans l'impossibilité de revenir sur le consentement qui lui avait été arraché.

Le gouvernement rendit à diverses époques des ordonnances pour prévenir et réprimer les abus du racolage, sans pouvoir faire disparaître les vices inhérents à ce mode de recrutement. L'une de ces ordonnances mérite une mention spéciale, c'est celle du maréchal de Belle-Isle (26 mars 1760), qui enjoignait aux recruteurs de porter l'uniforme de leur régiment, et prononçait la peine du carcan et des galères contre ceux qui se rendraient coupables de violences. Pas plus que ses devancières, elle ne put du reste déraciner complètement les abus ; ne pouvant plus employer la violence, les racoleurs eurent recours à la ruse. Ils inventèrent les engagements conditionnels, ils s'entendirent avec des usuriers qui prêtaient de l'argent à des jeunes gens, et leur faisaient signer un billet par lequel ceux-ci promettaient de s'engager en cas de non paiement à l'échéance. Cette manœuvre était fort avantageuse pour les prêteurs, certains qu'ils étaient de rentrer dans leurs déboursés en recevant la prime d'engagement de leur débiteur.

Le trait suivant qui nous est rapporté par Barbier clora dignement ce rapide exposé des hauts faits des racoleurs. En 1751, la femme d'un huissier voulant l'éloigner, se servit d'un exploit signé de lui dont on gratta l'écriture, pour y substituer un acte d'engagement ; on mit cet engagement entre les mains d'un racoleur qui arrêta l'huissier chez lui comme par ordre du Roi, et le fit partir avec d'autres enrôlés.

L'âge requis pour contracter un engagement, fixé d'abord à vingt-et-un ans, fut successivement abaissé jusqu'à l'âge de seize ans; c'était trop tôt. Il en résultait que la moitié des conscrits allait à l'hôpital dès le début d'une campagne.

La durée des engagements varia beaucoup; elle fut successivement de trois, de quatre, de six et même de huit ans; mais, dit M. Boutaric, le soldat en s'engageant, n'était jamais sûr du temps qu'il passerait sous les drapeaux, car l'arbitraire du gouvernement s'exerçait à l'égard de ces malheureux que rien ne protégeait. Les engagés pouvaient du reste, une fois leur temps achevé, contracter un nouvel engagement; les moyens les plus condamnables étaient employés pour les y contraindre; on allait jusqu'à leur refuser les moyens de retourner dans leurs foyers; ils recevaient seulement une vieille veste ayant servi au moins deux ans et un vieux chapeau.

Un pareil système de recrutement avait, on le pense bien, des résultats déplorables, il introduisait dans l'armée des éléments mauvais. Les engagés étaient presque tous des gens que la paresse ou la débauche laissaient sans ressources, et qui, n'ayant aucun goût pour le métier des armes, ne cherchaient qu'une occasion de se soustraire au fardeau qui leur était imposé. Aussi la désertion était-elle passée à l'état de maladie endémique dans l'armée française; trois mille hommes environ désertaient chaque année, et l'on comptait plus de vingt mille soldats français dans l'armée du Grand Frédéric.

Les engagements volontaires demeurèrent, jusqu'à la révolution, le mode ordinaire de recrutement ; mais comme ils étaient impuissants à constituer une armée suffisante en temps de guerre, on dut avoir recours dès la fin du XVII⁵ siècle à un mode subsidiaire de recrutement.

Dans le cours de l'année 1688, Louis XIV ayant besoin de forces considérables pour résister à la ligue d'Augsbourg, ordonna aux paroisses de lever, sous le nom de milice, une troupe d'infanterie destinée à la garde des places frontières ou maritimes en temps de guerre. Le but que se proposait le gouvernement, était de créer, sans trop grandes charges pour le trésor, une réserve exercée. Les habitants de chaque paroisse se réunissaient le dimanche, à l'issue de la grand'messe, et élisaient l'homme qu'ils voulaient présenter, lequel devait être non marié, et âgé de vingt à quarante ans.

Les compagnies de milice se composaient de cinquante hommes pris dans les villages voisins les uns des autres, de telle sorte que, lorsque la compagnie s'assemblait pour faire l'exercice, ce qui avait lieu chaque dimanche et jour de fête, les miliciens pussent se rendre au lieu de réunion sans découcher.

L'équipement était à la charge des paroisses ; chaque homme recevait un habit, un chapeau, des chausses, des bas de drap et des souliers, sans qu'on fût astreint à aucune uniformité de couleur ou de forme. Il en résultait que tous les miliciens avaient des habits d'une couleur et d'une façon différente. Même disparité dans la longueur des mousquets.

La durée du service dans la milice était de deux années, pendant lesquelles les miliciens n'avaient à subir en temps de paix, d'autres exigences particulières que d'assister aux exercices hebdomadaires, et de ne pouvoir s'absenter, sans autorisation, de leur résidence pour plus de quarante-huit heures ; une absence plus longue était censée désertion et punie du fouet.

La désignation des miliciens par les habitants offrait des inconvénients ; le choix tombait sur un homme de bonne volonté étranger d'ordinaire à la paroisse, qui moyennant une somme d'argent, consentait à partir ; une ordonnance du 10 décembre 1691 décida que les miliciens seraient désignés désormais par le sort.

Mais cette milice due au recrutement forcé et servant d'appoint aux engagements volontaires n'ayant pas suffi , Louis XIV songea à convoquer l'arrière-ban. Ce n'était plus la levée en masse de tous les Français, mais seulement l'appel des nobles et des roturiers détenteurs de fiefs. « *On vit donc sortir de leurs châteaux une foule de petits hobereaux montés sur des chevaux efflanqués, n'ayant que des armes hors de service et incapables de discipline.* » On leur permit bien vite de rentrer chez eux moyennant une petite somme. Pour avoir encore de l'argent, on lesconvoqua de nouveau en 1694, en 1695 et en 1703.

Sous Choiseul l'armée fut réduite ; le racolage ne se fit plus que pour le compte de l'Etat ; l'administration des compagnies fut enlevée aux capitaines, et la maréchaussée chargée de surveiller les militaires. En même temps deux ordonnances, l'une de 1726, l'autre de 1774, réorganisaient la milice. Les intendants provinciaux furent chargés d'opérer les levées ; ils désignaient à cet effet des commissaires chargés de présider au tirage au sort dans chaque paroisse. Le tirage sefaisait en présence des officiers municipaux.

On commençait par constater l'état physique des hommes, et ceux qui étaient atteints d'infirmités étaient dispensés de tirer. Ceux qui avaient des motifs d'exemption étaient ensuite invités à les faire valoir. Les motifs d'exemption étaient fort nombreux, et la plupart d'entre eux ne reposaient sur aucune cause sérieuse. Non-seulement les nobles et les autres privilégiés étaient exempts, mais tout ce qui les approchait participait plus ou moins aux immunités. Ainsi les domestiques et valets à gages des ecclésiastiques, des communautés, des maisons religieuses, des gentilshommes, des nobles étaient dispensés de la milice. A vrai dire, les charges de ce service ne portaient que sur une seule classe, sur les paysans et les petits cultivateurs.

Lorsque chacun avait fait valoir ses exemptions, on procédait au tirage entre ceux qui ne se trouvaient pas dans les cas prévus par les ordonnances. Le commissaire faisait autant de billets qu'il y avait d'hommes appelés à prendre part au tirage, il prenait autant de ces billets qu'il y avait de miliciens demandés et y inscrivait ces mots : *soldat provincial* ; on les roulait ensuite, ainsi que les billets restés blancs, d'une façon uniforme, on les mêlait, puis chacun tirait un billet.

L'âge requis pour être milicien était d'abord, nous l'avons dit, de vingt ans, il fut plus tard abaissé jusqu'à seize ans ; tant qu'on n'avait pas atteint la limite d'âge voulue pour être exempt, on prenait part à tous les tirages. Le remplacement était interdit, dans la crainte, disaient les ordonnances, que les communes ne s'endettassent pour payer des engagés volontaires, mais en réalité parce qu'on craignait, en permettant les engagements volontaires dans la milice, de ne pouvoir remplir les cadres de l'armée régulière qui se recrutait par des engagements de ce genre. Hâtons-nous pourtant d'ajouter que les ordonnances n'étaient guère obéies sur ce point, et que les intendants fermaient les yeux sur les remplacements et substitutions qui se produisaient.

A l'origine les hommes mariés n'étaient pas astreints à tirer au sort. Cette exemption eut pour résultat de multiplier les unions prématurées au point d'appauvrir la race, et de nuire sensiblement au recrutement de la milice ; on fit alors tirer les gens mariés, afin de compléter le nombre de miliciens exigé par le Roi.

La milice, tant qu'on ne la détourna pas de son rôle de réserve, ne fut pas mal accueillie des populations et rendit de bons services. Mais lorsqu'on envoya ces

troupes à la frontière, des résistances se manifestèrent
sous toutes les formes, si bien qu'on dut suspendre,
pendant quelques années, les tirages au sort. Plus
tard les milices furent réorganisées et incorporées dans
l'armée régulière. Cette mesure produisit les plus mauvais effets ; les miliciens, mécontents du rôle actif qu'on
leur faisait jouer, exerçaient sur l'esprit de l'armée une
fâcheuse influence. Le gouvernement chercha alors à
remplacer l'appel des milices par une redevance pécuniaire à la charge des paroisses, montant à 75 livres par
chaque homme à fournir, d'après la législation de 1688 ;
mais ce moyen n'ayant pas produit les résultats dési-
rés, on en revint au système ancien, et les milices
rétablies subsistèrent, sauf quelques modifications,
jusqu'en 1789.

Lorsqu'éclata la révolution, il y avait donc deux
armées, l'une formée par engagements volontaires,
l'autre recrutée par la voie de la conscription parmi les
paysans. Dès le mois d'août 1789, l'Assemblée Consti-
tuante chargea une commission prise dans son sein de
lui présenter le plan d'une nouvelle constitution militaire. Deux opinions se trouvèrent alors en présence :
l'une proposait purement et simplement le maintien du
mode en vigueur, l'enrôlement volontaire à prix d'argent ; l'autre demandait le recrutement forcé ou conscription. Après de longs débats, l'Assemblée repoussa
le système de la conscription comme contraire à la
liberté individuelle et aux droits des citoyens, et décida
que les troupes françaises de toutes armes seraient re-

crutées, comme par le passé, au moyen d'enrôlements volontaires.

De cette même année 1789 date la création de la garde nationale. Née à Paris, établie ensuite dans quelques villes, elle fut en 179¹ étendue à toute la France, et dispensa des milices qui furent supprimées.

Au moment où la révolution éclatait dans toute sa force, la nécessité d'alimenter l'armée, alors fort réduite, obligea d'avoir recours à de nouveaux moyens. On leva cent mille volontaires. En 1792, on fit, au nom de la patrie en danger, un nouvel appel au patriotisme de la jeunesse. L'année suivante, le décret du 24 février mit à la disposition du ministre et des généraux tous les gardes nationaux de dix-huit à quarante ans non mariés ou veufs sans enfants. Quelques mois plus tard cette mesure prit un caractère de généralité plus marqué; le 23 août, la Convention mit la nation elle-même à la disposition du comité de salut public et fixa même aux enfants, aux femmes et aux vieillards le rôle qu'ils devaient jouer dans la défense de la patrie. Telles furent ces fameuses levées en masse qu'on a voulu ressusciter de nos jours, et auxquelles certains hommes, que nos récents malheurs n'ont pu éclairer, font aujourd'hui encore honneur des succès militaires de cette époque. En réalité, c'est à la bonne entente des troupes réglées, et non à des hordes de volontaires indisciplinés que la France dut alors son salut.

Mais ce n'étaient là que des mesures provisoires, qui

acceptées comme un remède héroïque dans un moment de péril national, ne pouvaient subsister longtemps sans dépeupler la France et ruiner le trésor public. De toutes parts des réclamations s'élevaient ; on demandait qu'une législation régulière fût enfin établie. Pour donner satisfaction à ces réclamations, le Directoire, sur le rapport du général Jourdan, vota la loi du 19 fructidor an VI. Cette loi commençait par déclarer que tout Français est soldat et se doit à la défense du pays, puis elle distinguait les cas d'appel normal et le cas où la patrie était déclarée en danger.

En temps ordinaire, l'armée se recrutait par les engagements volontaires et par la voie de la conscription forcée. La conscription pesait sur tous les Français, depuis l'âge de 20 ans accomplis jusqu'à celui de 25 ans révolus. Les conscrits étaient divisés en cinq classes. Chaque classe ne contenait que des jeunes gens de la même année. Les moins âgés de la première classe, celle de 20 ans, étaient les premiers appelés. Ceux de la seconde classe n'étaient levés que lorsque tous ceux de la première étaient en activité. Quand une levée était ordonnée, on prenait sur la liste des conscrits depuis le plus jeune de ceux qui avaient atteint l'âge de 20 ans accomplis jusqu'à celui qui, en remontant, complétait le nombre d'hommes nécessaires. On faisait connaître le nom, la demeure, l'âge exact de ce dernier conscrit, et, par là même, tous ceux qui étaient d'un âge inférieur étaient censés appelés et obligés de partir. Il n'y avait pas d'exemption admise, si ce n'est pour ceux qui s'étaient mariés avant la loi. On ne servait, en règle générale, que jusqu'à 25 ans, mais le gouvernement avait la faculté de retenir les soldats sous les drapeaux tant qu'il le croyait nécessaire.

En prévision de grands dangers, la loi du 19 fructidor replaçait toute la population mâle, jusqu'à quarante ans, sous le coup de l'obligation militaire et annonçait le renouvellement des levées en masse.

Le remplacement était interdit, mais il reparut dès l'année suivante. Il rencontra, du reste, dans son application, de nombreuses difficultés, et devint si onéreux qu'on le vit s'élever jusqu'à quarante mille francs.

La loi du 19 fructidor an VI avait l'inconvénient de prendre les conscrits les plus jeunes et de faire partir des générations entières. Napoléon, désirant remédier à ce vice de la loi et répartir d'une façon plus équitable le service militaire entre les différentes classes, voulut que le sort désignât désormais ceux qui serviraient. Il décida en conséquence, que dans chaque canton il y aurait autant de numéros que de jeunes gens appelés à prendre part au tirage. Les conscrits qui tiraient les numéros les plus faibles partaient les premiers, les autres n'étaient appelés que plus tard, mais tous partaient, car les guerres incessantes de cette époque amenaient toujours sous les drapeaux la totalité des jeunes gens inscrits.

On comprend quelle force militaire considérable ce mode de recrutement mettait entre les mains de Napoléon ; il fut pourtant impuissant à combler les vides que l'ambition impériale faisait chaque jour dans l'armée, et, dès l'année 1810, la servilité des assemblées permit à l'empereur de lever des conscrits de 18 ans.

Poussée à un tel excès, la conscription ne tarda pas à devenir la terreur des populations, aussi un des premiers soins du gouvernement de la Restauration fut-il de l'abolir. « La conscription est abolie, disait la Charte de 1814, l'armée se recrute par des engagements volontaires ». Malheureusement il était bien difficile de tenir une semblable promesse ; les enrôlements volontaires n'ayant pas répondu à ce que l'on espérait, il fallut bien arriver à déterminer un autre mode de recrutement.

La loi du 10 mars 1818, connue aussi sous le nom de loi Gouvion Saint-Cyr, posa l'engagement volontaire comme élément principal de recrutement de l'armée ; mais comme les engagements volontaires non payés ne peuvent fournir qu'un nombre fort restreint de soldats, elle autorisa un appel annuel de 40,000 jeunes gens désignés par un tirage au sort

Sous l'empire de cette loi, les jeunes gens qui, chaque année, atteignaient l'âge de 20 ans étaient donc répartis en deux groupes distincts : les uns étaient appelés à faire partie du contingent, les autres étaient pour toujours libérés de tout service. Le tirage au sort avait lieu non plus pour établir l'ordre du départ, mais pour désigner ceux qui partiraient.

En même temps qu'elle soumettait à un service de six ans les jeunes gens désignés par le sort pour faire partie du contingent, la loi admettait des exemptions et des dispenses de service. Les exemptions étaient fondées sur les infirmités, sur le défaut de taille et sur des situations spéciales qui semblaient indiquer que les jeunes gens auxquels elles s'appliquaient ne pouvaient être enlevés à leurs familles sans y laisser un trop grand vide. Les dispenses étaient accordées à des individus que la société était intéressée à laisser à leurs études. Mais tandis que les exemptions n'entraînaient pas de pertes pour le contingent, et que ceux qui en profitaient étaient remplacés par d'autres dans l'ordre des numéros subséquents du tirage, les dispenses, au contraire, venaient en déduction du contingent. Quelques-unes n'étaient même accordées qu'à titre provisoire et sous la condition que le dispensé contractât l'engagement de persévérer dans la carrière qu'il avait embrassée.

La loi Gouvion Saint-Cyr autorisait le remplacement et les substitutions de numéro entre les jeunes gens du même tirage. Enfin, dans le but d'avoir une réserve exercée qui pût au besoin soutenir l'armée, elle astreignait les sous-officiers et soldats rentrés dans leurs foyers, après avoir achevé leur temps de service, à un service territorial dont la durée était fixée à six ans. Les hommes composant cette réserve reçurent le nom de vétérans; ils n'étaient en temps de paix astreints à aucun service, et ne pouvaient en cas de guerre être employés hors de la division militaire qu'en vertu d'une loi.

La loi du 9 juin 1824 n'eut que trois objets :

1° Porter le contingent annuel à 60,000 hommes, dont une partie qui pouvait n'être pas appelée sous les drapeaux était toujours à la disposition du ministre de la guerre ;

2° Etendre la durée du service de 6 à 8 ans ;

3° Supprimer l'institution des vétérans, qui n'avait pas donné les bons résultats qu'on en avait attendu.

Le contingent de 60,000 hommes était encore établi une fois pour toutes, comme celui de 40,000 hommes l'avait été en 1818, le gouvernement en disposait sans recourir aux Chambres. Cet état de choses subsista jusqu'en 1830, époque à laquelle la loi du 11 octobre décida que le contingent des troupes de terre et de mer serait fixé chaque année par les Chambres.

La loi du 21 mars 1832, due au maréchal Soult, tout en maintenant la plupart des dispositions de la loi de 1818, posa les appels comme mode normal et régulier de recrutement de l'armée et plaça les engagements volontaires au second rang. Avec sept ans de service et un contingent annuel voté par le pouvoir législatif, elle constituait l'armée en deux grandes fractions :

1° L'armée active, d'un effectif variable suivant les circonstances politiques et les ressources du budget ;

2° La réserve, composée des jeunes gens appartenant au contingent, mais laissés en congé dans leurs foyers, et des hommes qui, ayant passé 4, 5 et 6 ans sous les drapeaux, étaient, par mesure d'économie, envoyés en congé par anticipation. Les uns et les autres pouvaient, aux termes de l'art. 30 de la loi, être soumis à des exercices périodiques ; mais cette disposition, indispensable pour les premiers, demeura longtemps inexécutée. Aussi beaucoup de bons esprits se demandaient-ils de quelle utilité pourrait être, en cas de guerre, une réserve composée, pour la plus grande partie de jeunes gens n'ayant aucune instruction militaire et ne sachant pas même manier un fusil. Ce ne fut pourtant qu'en 1861 qu'on songea à remédier à cet état de choses ; une circulaire du 10 janvier de cette année décida que l'art. 30 de la loi cesserait d'être une lettre morte et que les hommes laissés en congé dans leurs foyers passeraient chaque année, pendant 3 ans, un certain temps dans l'un des dépôts d'instruction établis dans leur département, pour y être exercés, la première année pendant 3 mois, la seconde pendant 2 mois, et la troisième pendant 1 mois. « C'est là, dit M. de Chasseloup-Laubat, le système qui a prévalu jusque dans ces dernières années, c'est une réserve d'hommes laissés dans leurs foyers, réserve quelquefois plus considérable que la partie du contingent qui pouvait être entretenue dans les corps. »

Comme sa devancière, la loi de 1832 autorisa le remplacement. Ceux qui étaient désignés par le sort pour faire partie de l'armée pouvaient mettre à leur place une personne qui s'engageait à servir pendant le temps fixé par la loi. Chacun choisissait du reste son remplaçant comme bon lui semblait, l'État demeurait complètement étranger à cette négociation. Cette faculté donna naissance à une foule de spéculations tendant à fournir aux jeunes gens des remplaçants et à les garantir contre les chances du tirage au sort. Des sociétés se formèrent dans ce but, et leurs opérations prirent la forme d'une véritable assurance. Toutes ces facilités offertes à ceux qui voulaient s'affranchir du service militaire rendirent les remplacements si nombreux que, d'après les chiffres produits par le général de Lamoricière, à la fin de la monarchie de Juillet, le nombre annuel des remplaçants était d'environ 18,000 ; le goût pour le métier des armes disparaissait rapidement dans toutes les classes de la population.

Il y avait là, pour l'armée et pour le pays, des symptômes dont on devait se préoccuper. La loi du 26 avril 1855 crut apporter un remède au mal en créant la caisse de la dotation de l'armée et en substituant au remplacement par les compagnies, le remplacement par l'État. Les jeunes gens tombés au sort purent se faire exonérer du service en versant à la caisse de la dotation une somme d'argent destinée à assurer leur remplacement dans l'armée par la voie du rengagement d'anciens militaires. Les motifs invoqués pour justifier la loi de 1855 étaient ceux-ci : empêcher les scandaleux abus du remplacement par les compagnies, éviter au remplacé les inquiétudes de la garantie ; épargner au remplaçant le mépris de ses camarades, faire aux soldats déjà formés une situation plus avantageuse et par ce moyen renforcer l'armée.

Ainsi, on rétablissait le système des primes rejeté

depuis 1818 ; de plus, l'Etat forçait les conscrits de s'adresser à la caisse de la dotation pour s'affranchir du service.

« Le système de l'exonération s'éloignait encore plus que le remplacement du principe du service personnel ; car, après tout, si depuis l'an VII le remplacement était toléré, autorisé, l'Etat y restait étranger. Le jeune homme appelé sous les drapeaux devait servir ou présenter un homme à sa place ; sous ce rapport, le service pouvait avoir en quelque sorte quelque chose de personnel, ou du moins était accompli par la personne ou par son suppléant, comme disaient les lois de l'an VII et de l'an VIII ; tandis que la loi de 1855 changeait profondément cette situation. Quiconque pouvait payer le prix fixé par l'administration pour l'exonération, était par l'Etat libéré de tout service et pouvait se considérer comme quitte envers le pays. De plus, cette loi introduisait dans l'armée comme une pensée de lucre, de bénéfice immédiat pour l'homme qui demandait à entrer ou à rester sous les drapeaux et faisait disparaître ce principe inscrit dans nos lois militaires, que dans les troupes françaises, il n'y a ni prime en argent, ni prix quelconque d'engagement. » (1)

Le régime introduit par la loi de 1855 était donc plus défectueux encore que celui de la loi de 1832. Loin de diminuer d'ailleurs le nombre de ceux qui se

____

(1) Rapport de M. de Chasseloup-Laubat.

tenaient en dehors de l'armée, cette loi l'augmenta au contraire si bien, que les rengagements ne suffisant plus à compenser le nombre toujours croissant des exonérations, on dut recourir aux remplacements administratifs.

Vingt mille conscrits se faisant exonérer chaque année, le chiffre des jeunes gens appelés finit par n'être plus que de vingt-trois mille, la deuxième partie du contingent en comprenait trente-six mille. D'où il résultait qu'en cas de guerre et d'appel des réserves, il eût fallu comprendre dans celles-ci sept contingents de trente-six mille hommes, soit deux cent cinquante-deux mille hommes n'ayant, avant 1861, aucune éducation militaire, et depuis cette époque, ne possédant d'autre instruction que celle qu'ils avaient pu acquérir durant les six mois passés dans les dépôts. (1)

Telle était la situation, lorsqu'il se produisit en Europe dans le cours de l'année 1866 des événements de la plus haute gravité, à la suite desquels le gouvernement impérial, pressé par l'opinion publique qui sentait le pays menacé, se décida à proposer aux Chambres un plan de réorganisation militaire. Une commission fut nommée pour élaborer un projet de

---

(1) Nous raisonnons ici d'après un contingent de 79,000 hommes, chiffre des jeunes gens réellement disponibles pour le besoin de l'armée de terre, lorsqu'on avait déduit du contingent de 100,000 hommes voté chaque année par les Chambres, les hommes attribués à la marine, les jeunes gens déjà sous les drapeaux, les dispensés, les insoumis, etc.

loi qui après plusieurs modifications successives devint la loi du 1er février 1868.

Le législateur de 1832 avait fixé la durée du service à 7 années, celui de 1868 la porta à neuf ans, dont cinq dans l'armée active et quatre dans la réserve. Le service dut compter, non plus du 1er janvier, mais du 1er juillet de l'année du tirage au sort, ce qui devait permettre, dans le cas d'une guerre déclarée au printemps, de garder sous les drapeaux la classe qui en temps de paix, aurait été libérée au 30 juin. La combinaison adoptée par la loi devait avoir pour résultat de porter l'effectif de l'armée active et de la réserve au chiffre de 800,000 hommes, en supposant un contingent annuel de 100,000 hommes. Afin de donner à cette armée sa disponibilité complète, on créa en outre une garde nationale mobile, destinée à occuper les garnisons et les places fortes. La garde mobile, dans laquelle le service était de cinq ans, devait comprendre tous les jeunes gens que n'aurait point atteint le recrutement annuel et notamment les remplacés. La loi nouvelle abrogeait, en effet, la loi de 1855 sur la dotation de l'armée et rétablissait le remplacement. Avec le système des rengagements les sous-officiers s'éternisaient; les cadres s'immobilisaient, l'émulation s'éteignait. Les jeunes gens d'avenir, que leur goût portait vers la carrière des armes, et qui en s'engageant eussent apporté aux régiments un élément précieux, s'éloignaient de l'armée. Puis la campagne d'Italie avait prouvé qu'en cas de guerre l'exonération pre-

nant un grand développement, on avait de l'argent et
on manquait de soldats. En 1859 les demandes d'exonération s'élevèrent d'une moyenne de 20,000 au
chiffre de 40,000, et l'on put trouver à peine 18,000
remplaçants.

La loi de 1868 constituait certainement un progrès;
le principe du service obligatoire et personnel y était
accentué assez nettement. En fait, le service était obligatoire, puisqu'on était ou soldat ou garde mobile; il
devenait personnel dès lors que le remplacé était obligé
de servir dans la garde mobile. Mais en n'imposant
aux jeunes gens dont devait se composer la garde nationale mobile, que des exercices ou des réunions ne
pouvant entraîner un déplacement de plus d'une jour-
née, et ne devant pas se renouveler plus de 15 fois
par année, le législateur ne donnait pas de sérieux
moyens d'instruction pour ces hommes.

La mort ne permit pas au maréchal Niel d'appliquer l'organisation militaire dont il avait jeté les bases.
Le gouvernement impérial abandonné à lui-même né-
gligea d'user des forces que la loi nouvelle mettait à sa
disposition. Effrayé peut être par les déclamations des
hommes de l'opposition qui prêchaient alors l'abaissement des frontières, et l'avènement prochain de la confraternité universelle, il consentit à la réduction des
contingents, et non content de ne pas exercer la garde
mobile, il ne posa pas même les bases de son orga-

nisation (1). Il en résulta qu'au mois de juillet 1870, au moment de la déclaration de guerre la plus folle qui fut jamais, la France ne put mettre en ligne plus de 250,000 hommes. Vainement un gouvernement improvisé, composé des opposants d'autrefois, devenus par une sanglante ironie de la destinée les promoteurs de la guerre à outrance, fit appel au patriotisme de tous; vainement multiplia-t-il les levées d'hommes. Il était trop tard; les armées ne s'improvisent pas, il fallut subir les exigences du vainqueur. Mais à peine rendu à lui-même par un traité de paix onéreux, le pays comprit que le temps des demi-mesures était passé, et réclama une modification radicale de notre législation militaire; la loi de 1868 amendée et mise loyalement en pratique ne lui suffisait plus. Le service obligatoire a fait la grandeur de la Prusse, on demanda de toutes parts qu'il fût établi chez nous. L'Assemblée nationale répondit à ces aspirations en votant la loi du 27 juillet 1872.

(1) Quelques citations extraites de la discussion de la loi de 1868, donneront une idée des théories professées à cette époque par les chefs de l'opposition. D'après M. Magnin, « les armées permanentes sont jugées et condamnées. » D'après M. Garnier-Pagès, « il n'y a qu'une bonne organisation militaire, la levée en masse. Lorsque nous avons fait la levée en masse nous sommes allés à Berlin. » « Qu'est-ce que je lis dans les documents officiels; s'écrie M. Jules Favre, il faut que la France soit armée comme ses voisins! Sa sécurité est attachée à ce qu'elle soit embastionnée, cuirassée, à ce qu'elle ait dans ses magasins des monceaux de poudre et de mitraille, sans cela elle est exposée à périr. J'avoue que ma conscience proteste contre cette proposition. »

CHAPITRE II

DISPOSITIONS GÉNÉRALES.

SECTION I

DU SERVICE OBLIGATOIRE ET DE LA SUPPRESSION DU REMPLACEMENT.

Le service personnel obligatoire pour tout Français, tel est le principe fondamental sur lequel repose notre nouvelle législation militaire. Ce principe n'est pas d'ailleurs aussi nouveau que semblent le croire quelques personnes ; toutes nos lois de recrutement ont en effet proclamé d'une manière générale l'obligation pour tout homme de servir son pays. Mais, et c'est ici que se présente l'innovation, l'obligation qui pesait sur tous n'était autrefois accomplie que par quelques-uns, et encore ceux-ci avaient-ils le droit de s'acquitter par mandataire du devoir qui leur incombait.

Même dans les termes absolus où il se présente aujourd'hui, le service obligatoire ne constitue pas complétement une nouveauté chez nous. Le législateur de l'an VI en avait fait la base de son œuvre, et nous le voyons à différentes époques réclamé par les hommes de guerre les plus compétents, comme le moyen le plus propre à assurer la grandeur de la France. En 1828

6

une grande commission militaire ayant à sa tête deux maréchaux et plusieurs généraux éminents, demandait l'appel intégral de toutes les classes et le service obligatoire pendant trois ans seulement. Vingt ans plus tard, le général de Lamoricière s'écriait à la tribune de l'Assemblée nationale : « Malheur à la société française, si elle n'a pas l'abnégation de s'imposer le service obligatoire. » Toutefois, il n'osait compter sur cette abnégation. On a reproché à M. Thiers d'avoir combattu alors les idées de l'illustre général, et d'avoir contribué à éloigner les esprits d'une solution qui nous eût épargné les horreurs de l'invasion. La vérité est que M. Thiers ne fut en cette circonstance que l'interprète de l'opinion publique, profondément hostile à toute modification de nos institutions militaires. Faut-il s'étonner de cette persistance à repousser un principe dont l'admission nous semble aujourd'hui la chose la plus naturelle ? Non, car les peuples sont comme les individus, ils ne s'imposent des sacrifices qu'autant qu'ils en comprennent l'absolue nécessité ; or, l'expérience de notre faiblesse militaire n'avait point encore été faite. Le désastre d'Iéna et l'oppression napoléonienne ont seuls pu faire accepter en Prusse l'obligation du service pour tous ; des épreuves comme celles que nous venons de traverser pouvaient seules produire chez nous le même effet.

Il suffit de jeter un coup d'œil sur la carte d'Europe, pour voir qu'une force immense nous est désormais nécessaire pour conserver notre indépendance.

Napoléon III, en brisant avec la grande politique des quatre derniers siècles, pour y substituer la fatale politique des nationalités, a détruit à notre plus grand préjudice l'équilibre européen. Une grande nation s'est élevée sur les flancs de la France, cette puissance est essentiellement militaire et peut en quelques jours, aidée de toutes les ressources de l'industrie moderne, jeter sur notre territoire un million de soldats. Il fallait bien, sous peine de cesser d'être les maîtres chez nous, et par conséquent sous peine de cesser d'être libres, nous mettre à même d'opposer à cette menace vivante, perpétuelle, une résistance proportionnée, un nombre égal de défenseurs. Pour atteindre ce résultat, il n'y avait qu'un parti à prendre, transporter chez nous, en l'appropriant à nos mœurs et à notre état social, l'institution qui a fait la grandeur de nos voisins.

Il n'est pas rare pourtant d'entendre attaquer violemment la loi de 1872. Était-il donc besoin, dit-on, de faire une loi si compliquée ? La loi de 1868 modifiée et améliorée, notamment en ce qui concerne l'instruction de la garde mobile, n'aurait-elle pas suffi amplement pour assurer à la France un million et même un million et demi de soldats ? Sans doute, mais le but du législateur n'a pas été seulement d'assurer à l'armée le nombre, il a voulu aussi lui assurer la qualité; or, le service obligatoire accroîtra la force de l'armée dans une proportion supérieure au nombre d'hommes qu'il introduira dans ses rangs. L'invention des armes à longue portée et à tir rapide a changé absolument les conditions anciennes de la stratégie, et ce changement ne nous est point favorable. Le caractère français s'accommode mal de ces combats à distance contre un ennemi invisible ; au moins faut-il compenser ce désavantage en appelant sous les drapeaux ceux qui par leur intelligence, leur instruction acquise, sont le plus aptes à tirer tout le parti possible des ressources de l'armement moderne. C'est précisément ce que ne faisait pas la loi de 1868 ; l'armée de campagne, la vraie armée était composée presque exclusivement des déshérités de l'intelligence ; la garde mobile renfermait au contraire dans ses rangs un grand nombre de jeunes gens instruits.

Le service personnel ne nous est pas du reste moins nécessaire au dedans qu'au dehors. Nos désastres militaires se sont en effet compliqués de désordres sans précédent dans l'histoire. L'Internationale, avec son cortége de haines et de passions inassouvies, s'est abattue sur les ruines de notre malheureux pays. Il faut lutter contre cet ennemi intérieur, l'étouffer, s'il est possible, en combattant l'envie qui est le plus grand ressort de cette ténébreuse société, le seul dieu qu'elle reconnaisse ; or, quel correctif plus efficace de l'envie que la suppression de cette inégalité entre le riche et le pauvre qui laissait l'un tranquille dans ses foyers, et prenait à l'autre les plus belles années de sa vie ? Lorsque l'ouvrier et le paysan verront partir avec eux le fils du maître ouvrier, du propriétaire, et ces jeunes

gens opulents et oisifs dont les loisirs offrent tant de
prise aux déclamations irritantes d'une démocratie jalouse, lorsqu'ils les verront travailler avec eux, souffrir comme eux, soyez sûrs qu'ils écouteront moins
complaisamment les exhortations des fauteurs de désor-
dre, et que ceux-ci auront perdu un de leur principaux moyens d'action.

Quel est d'ailleurs le motif véritable de la haine
sourde qui existe chez nous entre les différentes classes de la société? C'est qu'elles ne se connaissent pas.
En voulez-vous la preuve? La dernière guerre a mêlé
dans les rangs de l'armée des jeunes gens de toutes les
conditions sociales ; on a vu la bonhomie avec laquelle
les hommes du travail manuel cherchaient à adoucir les
rigueurs de la corvée pour ceux du travail intellectuel,
tandis que ceux-ci en retour s'efforçaient de rendre à
leurs camarades ces mille services qu'une instruction
plus complète les mettait à même de leur rendre, les
liens d'estime qui ne tardaient pas à s'établir et les mauvaises passions éteintes par la confraternité des armes
sous l'égalité de la discipline. C'est qu'il n'est pas de
terrain plus favorable à l'apaisement des passions ja-
louses de la démagogie, que le service militaire envi-
sagé, sans acception de la naissance ou de la fortune,
comme une dette égale pour tous.

Notre ancienne législation, en débarrassant du service militaire comme d'un fardeau tous ceux qui pouvaient payer une certaine somme, avait fini par faire
de l'armée un corps séparé de la nation ; c'était une

grande faute politique. L'armée ne doit pas former une institution à part dans le pays, elle doit représenter la nation tout entière, elle doit s'identifier avec elle. Il faut que la défense de la patrie, de l'ordre et des lois ne soit pas confiée à ceux qui ont le moins d'intérêt à leur conservation. Ne composer une armée que des pauvres et de la moins bonne partie des pauvres, c'est toujours, mais surtout dans un pays aussi profondément troublé que le nôtre, exposer la paix publique à un immense danger. Ils connaissaient bien le côté faible de notre société, ceux qui, pendant la Commune de Paris, adressaient à l'armée de l'ordre ces brûlantes paroles : « Le peuple de Paris ne croira jamais que vous » puissiez diriger contre lui vos armes, quand sa poi- » trine touchera les vôtres. Vous êtes des prolétaires » comme nous. » De semblables appels à la révolte ne seront plus possibles désormais ; on ne pourra plus séparer ainsi les classes de la société pour les opposer les unes aux autres. Pour la première fois dans notre histoire , la nation tout entière recevra l'éducation militaire et se trouvera capable de faire un service de guerre.

Mais, diront peut-être quelques pessimistes, cette instruction militaire que l'on donnera à tous les citoyens ne pourra-t-elle pas être employée à la guerre civile aussi bien qu'à la guerre étrangère ? Non, un semblable danger n'est point à craindre, malgré toutes nos révolutions. Il ne faut pas croire en effet que nous ne garderons pas une armée permanente très-forte, parce que nous ferons servir toute la population à son recrutement, ni que la nouvelle loi soit à un degré quelconque une concession à cette prodigieuse et malfaisante sottise de la substitution de la garde nationale à l'armée permanente. C'est au contraire la garde nationale qui disparaît, c'est l'armée permanente qui reste, accrue, fortifiée, avec une surface de recrutement plus large et avec toute la population valide jusqu'à l'âge de quarante ans pour réserve. Qu'on ne s'imagine pas, d'ailleurs, que l'instruction militaire prédispose aux séditions ; nous ne doutons pas qu'elle n'ait un effet tout contraire, surtout si le gouvernement sait maintenir avec une sévère vigilance une exacte discipline ; et par discipline nous n'entendons pas seulement la simple obéissance hiérarchique, mais ce sentiment moral changé en habitude, par lequel tout homme qui porte une arme sait que la patrie qui la lui confie attend de lui un dévouement à toute épreuve, et le respect complet de la loi qu'il est chargé de défendre, comme il a mission de défendre le territoire contre toute agression. L'armée où règne une telle discipline est la meilleure des écoles, une école par laquelle on ne peut trop désirer que passent tous les citoyens.

Le service obligatoire rendra nos forces plus effectives sans les rendre pour cela plus agressives. Autrefois la guerre était déclarée par ceux qui pouvaient se dispenser d'y prendre part et qui s'en dispensaient en effet, mais dont l'ambition était intéressée à ce qu'elle eût lieu. Lorsqu'elle sera payée du sang de ceux qui la déclareront ou du sang de leurs enfants, elle sera déclarée moins à la légère, elle cessera d'être envisagée comme un moyen banal de gouvernement, une distraction à l'ennui des peuples, une diversion aux difficultés intérieures.

L'exonération et le remplacement ont pourtant trouvé et trouvent encore aujourd'hui des défenseurs convaincus ; et, chose étrange, c'est au nom de la liberté, au nom de l'égalité que prétendent parler les partisans d'une pareille doctrine. La liberté du remplacement, disent-ils, ne mérite-t-elle pas la même protection que les autres libertés ? Pourquoi empêcher le conscrit qui doit au pays un soldat, d'en fournir un qui ne soit pas lui-même ? La dette sera-t-elle donc moins payée par Pierre que par Paul ? Laissez à chacun le droit de s'interroger pour savoir s'il fera ou non un bon soldat, et, en cas de négative, permettez-lui de s'acquitter par délégation d'un devoir qu'il est incapable de bien remplir par lui-même. L'armée ne perdra pas au change, car elle recevra un enfant des champs au lieu d'un enfant des villes, un homme robuste au lieu d'un homme débile, un bon soldat au lieu d'un mauvais. « Quant à l'égalité, ne s'accommode-t-elle pas à merveille de la substitution de la dette d'argent à la dette du sang ? Qu'importe que l'un paie directement et l'autre par délégation, l'obligation ne pèse-t-elle pas sur tous, et chacun sans distinction ne tient-il pas de la loi le droit de s'en libérer personnellement ? »

De pareils arguments ont une force plus apparente

que réelle. Soyez francs, dirons-nous aux adversaires du service personnel, en défendant une institution qui permettait au riche de payer le pauvre pour se faire tuer à sa place, vous pensez à vous et à votre intérêt, vos raisonnements n'ont qu'un but, c'est de dissimuler un sentiment que vous n'osez avouer. Vous voulez la liberté, dites-vous, eh bien, assurez d'abord celle de votre patrie, et vous pourrez alors revendiquer la vôtre. Vous voulez l'égalité ; eh bien, puisque d'autres partent, pourquoi cherchez-vous à demeurer en arrière ? Est-il vrai d'ailleurs, comme vous l'affirmez, que le système du remplacement soit favorable à l'armée ? Pas le moins du monde ; il la privait au contraire physiquement et moralement de l'élite de ses soldats. Ce n'étaient point en effet les hommes des champs qui faisaient le métier de remplaçants ; le paysan aime son village, il ne le quitte qu'à regret, et lorsque le service militaire vient l'en éloigner, il ne désire rien tant que d'y revenir le plus tôt possible.

Les remplaçants étaient presque tous des habitants des villes, des hommes que l'État ou les compagnies se procuraient au meilleur marché possible, c'est-à-dire les plus médiocres à tous les points de vue, que tentait l'appât d'une somme d'argent à dépenser en orgies de toutes sortes. Les chiffres sont là pour montrer que souvent les remplaçants faisaient de mauvais soldats. Les comptes-rendus de la justice militaire établissent en effet que sur 80 jeunes soldats servant pour leur compte il y a un prévenu, et un condamné sur

132 ; tandis que pour les remplaçants, la proportion s'élevait à un prévenu sur 44, et un condamné sur 62, c'est-à-dire à peu près au double.

SECTION II

DE LA SUPPRESSION DU VOTE SOUS LES DRAPEAUX.

La disposition qui fait l'objet de l'art. 5, constitue certainement une des innovations les plus sages introduites par la loi du 27 juillet 1872. Il n'est personne qui n'ait remarqué les graves inconvénients du vote militaire au point de vue de la discipline. Si le chef s'y intéressait, de deux choses l'une, ou les hommes votaient sous sa pression, et alors le scrutin était faussé et sa sincérité altérée, ou ils votaient en sens inverse, et alors l'autorité morale du chef se trouvait fortement ébranlée. Si le chef, comme c'était son devoir, gardait une neutralité absolue et voulait faire respecter dans toutes ses parties la loi électorale, les soldats constataient aussitôt que leur supérieur hiérarchique, auquel ils devaient respect et obéissance, était devenu leur égal devant le suffrage universel. Le vote sous les drapeaux était donc une cause de désunion et de discorde que le législateur a eu raison de faire disparaître. A quelque nuance d'opinion qu'ils appartiennent, officiers et soldats ne doivent former qu'un seul et même tout, ne faire qu'une seule et même famille, n'avoir qu'un seul et même esprit ; c'est à cette condition seulement que les chefs pourront acquérir sur leurs subordonnés cette autorité morale, sans laquelle il n'y a point d'armée solide et capable de faire de grandes choses.

Les militaires sous les drapeaux ne sont point d'ailleurs dans les conditions voulues pour émettre un vote réfléchi ; éloignés de leur famille et de leurs concitoyens, comment pourraient-ils se renseigner sur des candidats que souvent ils ne connaissent point ?

Indépendamment des périls qu'il faisait courir à la discipline, le vote militaire présentait pour le Gouvernement et pour la société de graves dangers. Les votes de l'armée n'étaient point, en effe`, confondus avec ceux des autres citoyens, ils étaient recensés à part, et selon qu'ils avaient été favorables à tel ou tel parti, à tel ou tel personnage politique, devenaient entre les mains du Gouvernement ou de l'opposition une arme puissante; or, la nation n'entretient pas une armée pour que cette armée vienne à un moment donné lui faire la loi et lui imposer sa volonté. Rappelons-nous que ce sont les armées délibérantes qui ont perdu Rome. Du jour où les prétoriens purent élire les Césars, Rome perdit ses libertés et déclina rapidement. Ses déchirements intérieurs la précipitèrent dans l'abîme et, malgré l'héroïsme de ses légions, elle ne put résister aux barbares et succomba sous leurs coups.

Est-ce à dire pourtant que la loi refuse aux officiers et aux soldats le droit d'être électeurs, et leur arrache ce droit qui chez nous appartient à tout citoyen ? Pas le moins du monde. Elle dit seulement que dans l'exercice de leur fonction de soldat, sous les armes, ils ne voteront pas, voilà tout. Mais le militaire dans ses foyers, qu'il soit en congé, en disponibilité, peu importe, rentre dans la plénitude de ses droits et vote comme citoyen. C'est qu'alors les motifs qui ont dicté la décision de la loi n'existent plus ; le soldat est dans son pays, dans sa famille, il peut s'éclairer auprès de ses concitoyens, et il y a lieu d'espérer qu'il émettra un vote réfléchi.

Lors de la discussion de l'art. 5, quelques membres de l'Assemblée nationale proposèrent d'ajouter à cet article un paragraphe additionnel ainsi conçu : « Les militaires en activité de service ne sont point éligibles. » Cette proposition était fort sage ; si l'on veut en effet séparer l'armée de la politique, il ne faut pas plus l'y mêler par l'éligibilité que par l'électoral. La place des militaires n'est point dans l'enceinte où se font les lois, où s'exerce le contrôle politique, et d'où part à l'occasion l'impulsion qui pousse le pouvoir dans un sens ou dans l'autre. La suite, les incidents et l'issue des discussions parlementaires ne s'accordent pas avec cette obéissance hiérarchique que le chef n'a le droit d'exiger que s'il en donne lui-même l'exemple ; il ne convient pas que le poids ou le tranchant de l'épée s'ajoute, même en perspective, au bulletin de vote pour décider des questions politiques. Certaines circonstances urgentes expliquent une dérogation à ce principe ; personne assurément ne regrette que les généraux de la dernière guerre soient entrés dans une Assemblée où pour faire face à d'immenses dangers, il fallait que toutes les forces de la France fussent re-représentées et réunies ; personne ne regrette que pour des lois dont la première était la loi militaire, ils aient apporté à leurs collègues le concours de leurs lumières; mais ces hommes de cœur, d'expérience et de dévouement patriotique, ont dû sentir eux-mêmes, à certains moments de la discussion, que leur vraie place n'était pas au milieu de ces conflits de paroles qui font la moitié de la vie parlementaire, qu'elle n'était pas davantage dans ces combinaisons politiques qui en font l'autre moitié.

Ah ! que nous les aimons mieux à la place que leur assignera le ministre de la guerre, celui-ci à la tête de sa division, celui-là de son corps d'armée, s'efforçant de donner à leurs troupes de fortes habitudes de discipline et de travail ; combien eux-mêmes s'y trouveraient plus à l'aise, et combien ils sentiraient que leur temps est mieux employé.

L'Assemblée, après avoir admis à la presque unanimité l'article qui suspend pour tous les Français sous les drapeaux l'exercice des droits électoraux, repoussa pourtant le paragraphe additionnel qu'on lui proposait. Est-ce à dire pour cela qu'elle trouve bon que les militaires en activité de service restent éligibles lorsqu'ils ne sont plus électeurs, et qu'elle voie moins d'inconvénients pour la discipline à leur présence dans un corps délibérant, que dans des comices électoraux?

Non, elle ne commet pas cette inconséquence. Si elle ne consentit pas à trancher alors la question dans le sens que lui indiquaient les signataires de l'amendement, c'est par égard pour les officiers généraux qu'elle compte dans son sein ; elle aurait craint d'enlever quelque chose à leur autorité, comme aussi de froisser leur susceptibilité, en déclarant que leur présence dans l'enceinte législative est une exception due à des circonstances extraordinaires et qui ne se renouvellera plus. Mais la question sera de nouveau posée lorsque viendra la discussion de la loi électorale, et tout fait présager que l'Assemblée, dégagée alors de toutes les préoccupations qui ont pu autrefois influer sur sa décision, lui donnera la seule solution compatible avec l'intérêt de l'armée et du pays.

SECTION III

DE LA SUPPRESSION DE TOUT CORPS ARMÉ QUI NE FERAIT PAS PARTIE DE L'ARMÉE.

L'art. 6 veut que tout corps organisé en armes soit soumis aux lois militaires, fasse partie de l'armée et relève de l'autorité militaire. Cette disposition est la conséquence nécessaire de l'obligation imposée à tous les citoyens par l'art. 1er. Lorsque par suite du service obligatoire, tous les hommes peuvent être appelés à faire partie de l'armée active et des réserves, depuis l'âge de vingt ans jusqu'à celui de quarante, il est évi-

dent que le pays doit y trouver tout ce dont il peut
avoir besoin, non-seulement pour la défense du territoire, mais encore pour le maintien de la sécurité inté-
rieure. Ainsi donc plus de francs-tireurs, plus de garde
nationale mobile, plus de garde nationale sédentaire,
cette arme à deux tranchants faite pour défendre nos
institutions et au besoin pour les combattre.

Loin de nous la pensée de nier le courage déployé
par un grand nombre de compagnies franches pendant
la dernière guerre, mais ces compagnies ne prouvent
rien, elles étaient en effet presque entièrement composées d'anciens soldats. Ces hommes devaient leur
discipline et leur valeur militaire à leur passage dans
l'armée où ils auraient rendu plus de services au pays
que dans des corps s'organisant eux-mêmes et ne relevant que de leurs chefs. Quant à la masse de ces corps
indisciplinés, sans parler des arrière-pensées révolu-
tionnaires de beaucoup d'entre eux, leur armement a
eu pour cause la surprise de la France en lutte avec
une puissance qui avait mis sous les armes tous ses
jeunes gens, tandis qu'elle n'avait exercé que le tiers
des siens et que son pied de paix, témérairement engagé contre des forces très-supérieures, était presque
entièrement prisonnier ou bloqué. Les compagnies
franches sont la plus rapide des improvisations et la
dernière ressource des pays envahis.

La guerre devient de plus en plus une affaire de
vastes combinaisons, chaque détail y est subordonné à
l'ensemble. Cette indépendance, qui plaît tant aux

francs-tireurs, est une cause de radicale impuissance ; leurs attaques produisent des tueries et des représailles terribles, elles abaissent les mœurs militaires, mais n'avancent pas la guerre.

L'emploi de la force doit d'ailleurs avoir pour correctif une discipline absolue ; tout maniement de la force sans la discipline est barbarie. Le droit de réquisition sous peine de mort est à peine tolérable lorsqu'il est exercé par l'autorité la plus haute ; entre les mains de chefs ne relevant que d'eux-mêmes ou des caprices de leurs bandes, il soumet les populations au régime des sauvages. Avec la discipline et les grandes masses, la guerre est pour le soldat l'abnégation élevée jusqu'au sacrifice de la vie. Sans discipline, avec de petits groupes isolés, elle n'est plus qu'une affaire de chef de bande et d'aventurier, une carrière ouverte à toutes les mauvaises passions humaines, avec la certitude de l'impunité. (1)

Il n'y a donc à cet égard aucun doute possible, la France n'aura pas à regretter ses francs-tireurs.

Quant à la garde nationale, elle est depuis longtemps jugée et condamnée.

Envisagée comme force militaire contre l'étranger, la garde nationale est un crime de lèse-humanité, car des soldats, sans instruction, sans discipline, sans commandement, ne sont plus devant les progrès de la science moderne que des victimes vouées à une mort

(1) M. J. Paixhans.

presque certaine. Envisagée comme moyen de répression au dedans, c'est l'institution la plus vaine et la plus dangereuse que l'on puisse imaginer, c'est tout excepté la défense de la société.

Remarquons en terminant que la proscription de l'art. 6 n'atteint pas la douane, dont les préposés choisis par l'administration des finances doivent évidemment conserver leurs armes pour se défendre contre les contrebandiers qu'elle n'atteint pas non plus l'institution des pompiers en tant que réunion d'hommes courageux destinés à un service spécial dans des cas déterminés.

CHAPITRE III

DES ÉLÉMENTS QUI CONCOURENT A LA COMPOSITION DE L'ARMÉE.

Les éléments qui concourent à la composition de l'armée française sont au nombre de trois : les appels, les engagements et les rengagements. Les appels sont l'élément principal, les engagements et rengagements une source secondaire.

SECTION I

DES APPELS.

L'appel est l'acte ou plutôt la série des actes par lesquels les Français sont convoqués pour faire partie de l'armée.

§ I. — Qui peut être appelé à servir dans l'armée ?

De la définition que nous venons de donner, il résulte que la qualité de Français est une condition essentielle pour faire partie de l'armée française ; les étrangers en sont exclus, et cette exclusion frappe même les étrangers admis par le Gouvernement à fixer leur domicile en France, conformément à l'art. 13 du Code Civil. La naturalisation peut seule donner l'aptitude à servir dans les troupes françaises. Toutefois, il en est de même, pour les individus nés en France d'un étranger, de la réclamation qu'ils peuvent faire de la qualité de Français dans l'année qui suit leur majorité telle qu'elle est fixée par la loi étrangère. Lorsqu'ils font les déclarations prescrites par l'art. 9 du Code civil, ils se soumettent implicitement au service militaire et doivent prendre part au tirage qui suit leur réclamation. La loi du 22 mars 1849 qui a étendu la disposition de l'art. 9 en permettant à l'enfant né en France d'un étranger de réclamer à toute époque la qualité de Français, s'il sert ou s'il a servi dans les armées françaises de terre ou de mer, ou s'il a satisfait à la loi du recrutement sans exciper de son extranéité, a donné lieu à une difficulté. Comment concilier cette loi avec le principe qu'il faut être Français pour servir dans les armées françaises ? Il n'y a qu'une seule réponse possible ; la loi du 22 mars s'applique uniquement à des cas exceptionnels et très-rares : aux cas où des étrangers auraient été, en fait, admis dans les troupes françaises, portés sur les listes du recrutement, parce que leur qualité d'étranger était inconnue ou méconnue à l'époque de la confection de ces listes. Ces individus n'ont pas fait valoir leur extranéité, ils ont servi leur patrie de naissance, la loi leur permet en récompense de réclamer la qualité de Français plus longtemps que ne le peuvent les étrangers ordinaires nés en France d'un étranger. Cette récompense est fondée sur l'attachement présumé résultant du service dans l'armée française. Mais il n'en demeure pas moins certain que, pour faire partie de l'armée à un titre quelconque, soit comme appelé, soit comme engagé, il faut être Français. La loi du 22 mars 1849 avait surtout en vue les jeunes gens des départements de la frontière ; elle s'explique aisément, si on se rappelle les idées de patriotisme un peu cosmopolite qui étaient alors en faveur.

La solution de cette question appelle immédiatement l'examen d'une seconde. Un individu né en France de parents étrangers s'engage dans *la légion étrangère* et laisse passer l'année qui suit sa majorité sans user de la faculté que lui donne l'art. 9 ;

pourra-t-il invoquer la loi de 1849 et réclamer à toute époque la qualité de Français ? La question est délicate ; toutefois nous pencherions vers l'affirmative. La loi de 1849, nous l'avons dit, a voulu récompenser l'étranger qui entre au service de la France, de son attachement pour son pays de naissance ; or, en s'engageant dans la légion étrangère, l'étranger fait tout ce qu'il lui est possible de faire pour servir la France, puisque notre loi de recrutement ne lui permet pas d'entrer dans les rangs de l'armée. Pourquoi dès lors lui refuser une faveur que l'on accorde à celui qui doit à une erreur son admission dans les troupes françaises ? En vain objecte-t-on que la légion étrangère ne faisant point partie de l'armée française, les soldats de cette légion ne se trouvent point dans les conditions exigées par la loi du 22 mars ; cet argument de texte ne nous paraît nullement concluant, et nous préférons nous en tenir à l'esprit de la loi. N'est-il pas vraisemblable d'ailleurs que par ces mots : « *ceux qui servent ou ont servi dans les armées de terre ou de mer*, » le législateur a entendu désigner tous ceux qui, à un titre ou à un autre, servent la France et contribuent à sa défense ?

Les individus nés en France d'un étranger qui lui-même y est né sont, aux termes de l'art. 1 de la loi du 7 février 1851, Français de plein droit ; ils sont donc tenus au service militaire, à moins que, dans l'année qui suit leur majorité, ils ne réclament la qualité d'étranger.

Quant à l'enfant de l'étranger naturalisé Français, que la même loi de 1851 autorise, quoiqu'il soit né à l'étranger, à obtenir la qualité de Français lorsqu'il la réclame dans l'année de la naturalisation de son père s'il était majeur, ou dans l'année de sa propre majorité, s'il était mineur à cette époque, il doit aussi au moment où il devient Français être soumis au service militaire. Il en est de même des individus nés en pays étranger de Français qui ont perdu cette qualité, auxquels l'art. 10 du Code Civil permet de devenir Français à toute époque. Toutefois ces divers individus ne seraient tenus au service militaire qu'autant qu'ils deviendraient Français avant leur 30e année, par application de l'art. 12 de la loi nouvelle qui fixe à 30 ans l'âge après lequel on ne peut plus inscrire sur les tableaux de recensement les jeunes gens omis jusque-là.

Quant aux autres étrangers vivant en France, ils ne font point partie de l'armée française. Un pareil état de choses constitue une atteinte réelle au principe d'égalité, car si le service militaire est un honneur, c'est encore bien plus une charge, et il peut paraître singulier que des familles qui de génération en génération habitent notre pays, profitent de tous ses avantages, soient ᴏnérées des charges du recrutement, et que leurs ᴍᴇᴍbres puissent ne se souvenir de leur pays d'origine qu'au moment du tirage au sort. Aussi des tentatives ont-elles été faites à différentes époques pour faire disparaître cette immunité. Lors de la discussion de la loi de 1868, notamment, on demanda que tous

les individus nés en France de parents étrangers et y
ayant leur résidence fussent soumis à la loi du recrutement, alors même qu'ils persisteraient à vouloir conserver leur qualité d'étrangers. La question, envisagée
avec faveur par le gouvernement impérial, fut sérieusement étudiée par des commissions de jurisconsultes,
de militaires et de diplomates ; mais on fut arrêté par
la difficulté soit d'admettre des étrangers dans l'armée
française, soit de déclarer un individu Français malgré
lui, et dans la crainte de représailles internationales.
Depuis cette époque un nouveau projet de loi fut encore présenté au Conseil d'Etat, mais les difficultés
qu'il soulevait le firent de nouveau abandonner.

Ces plaintes devaient se reproduire dans les discussions de la loi du 27 juillet 1872. La Commission ayant
avoué qu'il serait à désirer que la question fût tranchée
par une loi spéciale, un député demanda à la Commission si elle appuierait de l'autorité de son rapporteur
un projet de modification de l'art. 9 et de la loi de 1851,
M. de Chasseloup-Laubat répondit affirmativement,
et M. Thiers, alors chef du pouvoir exécutif, déclara
qu'une semblable proposition aurait aussi l'appui du
Gouvernement. Dans sa séance du 30 mai 1873, l'Assemblée nationale a pris en considération un projet ayant
pour objet de déclarer Français, et d'assujettir aux obligations du recrutement, les individus d'origine étrangère nés en France qui ne satisfont pas dans leur pays
d'origine aux charges du service militaire.

Il importe de remarquer que l'existence de corps

spéciaux composés uniquement de volontaires, dont la formation est autorisée sous le nom de *légion étrangère* par la loi du 9 mars 1831, ne porte point atteinte au principe de la nationalité du service militaire. Cette loi veut en effet que la légion étrangère ne soit employée que hors du territoire continental, sans pouvoir jamais être incorporée dans les troupes françaises.

Si les étrangers ne peuvent entrer dans les rangs de l'armée, il y a également des Français qui ne peuvent en faire partie. La loi en exclut ceux qui ont été condamnés à une peine afflictive ou infamante, à moins de réhabilitation, et ceux qui ont été condamnés à une peine correctionnelle de deux années d'emprisonnement et placés sous la surveillance de la haute police, avec interdiction de tout ou de partie des droits civiques, civils ou de famille. La loi nouvelle a introduit sur ce point une innovation importante. La loi de 1832 ne déclarait indignes de servir dans les armées françaises, que ceux qui avaient été interdits de la totalité des droits civiques, civils ou de famille ; aujourd'hui la privation d'une partie seulement de ces droits suffit pour entraîner l'indignité.

§ 2. — De la formation et de la publication des tableaux de recensement.

Chaque année les maires dressent un tableau de recensement, comprenant par ordre alphabétique tous les jeunes gens domiciliés dans le canton qui ont atteint l'âge de 20 ans accomplis, ou qui atteindront cet âge avant l'expiration de l'année. Cette inscription est faite sur la déclaration à laquelle sont tenus les jeunes gens eux-mêmes, leurs parents ou tuteurs. Le Le maire doit d'ailleurs, à défaut de cette déclaration, opérer l'inscription d'office, soit d'après les actes de l'état civil, soit, pour les jeunes gens qui ne sont pas nés dans la commune, d'après tous autres renseignements et documents, et même d'après la notoriété publique. Les jeunes gens qui seraient ainsi désignés comme ayant atteint l'âge requis ne pourraient combattre l'inscription qu'en produisant un acte de naissance, ou, à défaut de registres, par les moyens que reconnaît l'art. 46 du Code Civil.

Les tableaux indiquent dans une colonne d'observations la profession de chacun des jeunes gens inscrits.

Que faut-il entendre par ces mots de l'art. 8 : « *les jeunes gens domiciliés dans le canton?* » La réponse à cette question est faite par l'art. 10, qui établit certaines présomptions de domicile. Sont considérés comme légalement domiciliés dans le canton :

1° Les jeunes gens même émancipés, engagés, établis au dehors, expatriés, absents ou en état d'emprisonnement, si d'ailleurs leurs père, mère ou tuteur, ont leur domicile dans une des communes du canton, ou si leur père expatrié avait son domicile dans une desdites communes ;

2° Les jeunes gens mariés dont le père, ou la mère à défaut du père, sont domiciliés dans le canton, à moins qu'ils ne justifient de leur domicile réel dans un autre canton ;

3° Les jeunes gens mariés et domiciliés dans le canton, alors même que leur père ou leur mère n'y seraient pas domiciliés ;

4° Les jeunes gens nés et résidant dans le canton qui n'auraient ni leur père, ni leur mère, ni leur tuteur ;

5° Les jeunes gens résidant dans le canton qui ne seraient dans aucun des cas précédents, et qui ne justifieraient pas de leur inscription dans un autre canton.

Nous nous bornons à faire observ   que cet art. 12 déroge aux définitions du domicile ..gal données par le Code Civil ; mais le recrutement est une matière spéciale.

Les jeunes gens omis sur un précédent tableau de recensement, sont inscrits sur les tableaux de recensement de la classe qui est appelée après la découverte de l'omission, à moins qu'ils n'aient trente ans accomplis à l'époque de la clôture des tableaux. Après cet âge, ils sont soumis aux obligations de la classe à laquelle ils appartiennent.

Les tableaux de recensement sont publiés et affichés dans chaque commune, suivant les formes prescrites pour les publications de mariage. La dernière publication doit être faite pour le 15 janvier. Le maire doit en outre faire publier, dans les mêmes formes et en même temps que les tableaux, un avis indicatif des jour, heure et lieu où il sera procédé : 1° à l'examen des tableaux de recensement ; 2° au tirage au sort.

§ 3. — De l'examen des tableaux de recensement et du tirage au sort.

Au jour indiqué, le sous-préfet de l'arrondissement se rend au chef-lieu de canton et avec l'assistance des maires du canton, ou, dans les communes divisées en plusieurs cantons, du maire et de ses adjoints, procède en séance publique aux opérations annoncées. Ce magistrat donne d'abord lecture des tableaux de recensement. Les jeunes gens ou leurs parents sont entendus dans leurs observations. Le sous-préfet, s'il n'y a pas de doute sur la légitimité des réclamations, écarte certains individus après avoir pris l'avis des maires. Pour les autres, il les laisse sur la liste définitive de tirage, mais cette décision n'a rien que de provisoire, en ce sens qu'elle n'influe en rien sur la solution à donner par le conseil de révision. L'examen des tableaux de recensement n'a d'autre utilité que de faire connaître d'avance au Conseil de révision une partie des difficultés sur lesquelles il aura à statuer, et de faire disparaître les erreurs évidentes.

Le tableau étant revêtu de la signature des maires et définitivement arrêté, commence une nouvelle série d'opérations, celles du tirage.

Les maires des différentes communes du canton commencent par tirer entre eux, pour déterminer l'ordre suivant lequel les communes seront appelées à prendre part au tirage. Cette mesure a été prise parce qu'une croyance populaire attribue un certain avantage à ceux qui mettent les premiers la main dans l'urne. Il semble que ces favoris de la fortune doivent emporter les plus hauts numéros, et que les derniers ne trouveront plus rien de bon. C'est une erreur sans doute, mais une erreur dont il faut tenir compte quand elle touche à des intérêts profonds et respectables.

Avant de procéder au tirage, le sous-préfet inscrit en tête de la liste, en leur attribuant les premiers numéros, les jeunes gens qui ont été condamnés pour fraudes à la loi du recrutement. Ces numéros sont extraits de l'urne. Il met ensuite dans l'urne autant de numéros qu'il y a de jeunes gens appelés à prendre part au tirage, en comptant publiquement les numéros, de façon à s'assurer que le nombre des numéros est exactement égal à celui des noms portés sur les tableaux de recensement ; il déclare à haute voix qu'il y a concordance parfaite. Les jeunes gens de chaque commune sont alors appelés à tirer dans l'ordre des tableaux de recensement, c'est-à-dire par ordre alphabétique. Chacun est invité à faire connaître ses motifs d'exemption ou de dispense, puis il plonge la main dans l'urne, et en retire un numéro qui est immédiatement proclamé et inscrit en regard de son nom sur la liste. Lorsque les jeunes gens sont absents, leurs parents, ou à défaut le maire, tirent à leur place.

Les opérations du tirage au sort sont définitives, elles ne peuvent sous aucun prétexte être recommencées, chacun garde le numéro qu'il a tiré ou qu'on a tiré pour lui. Supposons que, par erreur, le sous-préfet ait mis dans l'urne un nombre de numéros inférieur à celui des conscrits ; il en résultera qu'à la fin du tirage, un ou plusieurs jeunes gens n'auront pas de numéros ; au lieu de recommencer le tirage et d'enlever ainsi à ceux qui ont tiré, le bénéfice des numéros qu'ils ont obtenus, on inscrira ces jeunes gens à la suite, avec des numéros supplémentaires, et ils tireront entre eux pour déterminer l'ordre suivant lequel ils seront inscrits. Disposition fort sage, car les conscrits qui, après avoir tiré un numéro élevé, seraient par suite d'un second tirage réduits à un numéro plus bas, se croiraient victimes d'une injustice.

La liste de tirage est lue, arrêtée et signée par le sous-préfet et les maires, et annexée avec le tableau de recensement au procès-verbal des opérations. Elle est publiée et affichée dans chaque commune du canton.

Les opérations du tirage au sort n'ont plus aujourd'hui l'importance qu'elles avaient sous l'empire de la législation antérieure. Il s'agissait alors de fixer des contingents restreints, et le tirage avait pour effet de distinguer ceux qui étaient appelés au service militaire de ceux qui en étaient libérés. Aujourd'hui, le tirage au sort ne libère plus personne, mais il présente pourtant un intérêt considérable, relativement à la durée du maintien effectif des hommes sous les drapeaux, et de leur renvoi dans leurs foyers en disponibilité de l'armée active. Dès qu'il peut y avoir quelque inégalité dans le temps du service, il faut bien s'en rapporter au sort pour désigner les favorisés. Personne ne réclamera contre le hasard, tout le monde crierait contre la faveur si on laissait à qui que ce soit le soin de désigner ceux qui serviront moins longtemps que les autres.

§ 4. — Du Conseil de révision.

Les opérations du recensement et du tirage au sort font connaître le nombre des jeunes gens ayant atteint l'âge requis pour faire partie de l'armée, mais elles ne déterminent pas ceux qui y seront effectivement versés. Cette détermination est le résultat d'une seconde opération que l'on appelle la révision et qui est accomplie par un conseil composé d'une manière toute spéciale, le Conseil de révision.

Ce Conseil comprend deux espèces de membres : les membres délibérants et les membres auxiliaires. Les premiers statuent, les seconds éclairent la décision des premiers de leur voix consultative.

Les membres délibérants sont :

1° Le préfet, président, ou à son défaut le secrétaire général, ou un conseiller de préfecture délégué par le préfet;

2° Un conseiller de préfecture siégeant *jure proprio*;

3° Un conseiller général du département, autre que

le représentant élu dans le canton où la révision a lieu;

4° Un conseiller d'arrondissement, également autre que celui élu dans le canton où la révision a lieu ;

5° Un officier général ou supérieur.

Le conseiller général et le conseiller d'arrondissement sont désignés par la commission départementale, l'officier supérieur est désigné par l'autorité militaire.

Les membres auxiliaires sont :

1° Un membre de l'intendance militaire, qui est entendu dans l'intérêt de la loi toutes les fois qu'il le demande, et dont les observations doivent être consignées sur le registre des délibérations. Il joue à proprement parler le rôle de ministère public ;

2° Le sous-préfet qui a procédé aux opérations du tirage au sort. S'il n'a que voix consultative, c'est qu'à son égard le Conseil de révision est une juridiction d'appel ;

3° Le commandant de recrutement ;

4° Un médecin militaire, ou à défaut un médecin civil désigné par l'autorité militaire ;

5° Enfin les maires des communes auxquelles appartiennent les jeunes gens.

L'absence de l'un des membres du Conseil de révision est-elle de nature à vicier les décisions de ce Conseil? Il importe de distinguer entre les membres délibérants et les membres auxiliaires. Pour les premiers, la loi déclare formellement qu'une décision peut être prise alors même qu'il n'y a que quatre membres présents. Mais le préfet n'a jamais voix prépondérante. La décision ne peut être prise qu'à la majorité de trois voix ; en cas de partage, elle est ajournée.

En ce qui concerne les membres auxiliaires, nous ne pensons pas que l'absence de l'intendant ou du sous-préfet fût de nature à vicier la décision rendue par le Conseil de révision. Il en serait autrement du médecin militaire ou civil. Bien que le Conseil ne soit pas astreint à suivre son opinion, nous estimons que la demande de son avis est une condition de validité dont l'absence entacherait la décision du Conseil d'excès de pouvoir. D'où vient cette différence ? Pourquoi l'absence du médecin produirait elle l'excès de pouvoir, tandis que celle du sous-préfet ou de l'intendant n'aurait aucune influence ? C'est que le sous-préfet a pu et du envoyer ses observations en même temps que la liste de tirage, et que l'intendant n'est pas appelé à donner son avis sur des points déterminés, mais seulement d'une manière générale. Le législateur a donc dû attacher moins d'effet à leur assistance qu'à celle du médecin dont les attributions sont spécialement déterminées et dont l'avis entraine d'ordinaire celui du Conseil. Dans le cercle restreint des cas où la loi l'appelle à donner son avis, le médecin exerce sur le Conseil une influence décisive, et c'est pour cela que nous considérons sa présence comme une condition essentielle de validité. La nature des choses et la spécialité des connaissances auraient voulu que le médecin eût voix délibérative dans les circonstances où son avis est demandé. Si on ne l'a pas fait, c'est que, dans les cas où il aurait été impossible d'adjoindre au Conseil de révision un médecin militaire, on aurait pu craindre que des médecins pris sur les lieux ne fussent malgré eux dominés par le désir de ménager des clients. (1)

Les opérations du Conseil de révision ont lieu par département. Dans sa tournée, le Conseil se rend en général au chef-lieu de chaque canton ; cependant le préfet peut exceptionnellement réunir plusieurs cantons dans le même lieu.

§ 5. — Des opérations du Conseil de révision.

La révision a pour objet de revoir les opérations du recrutement. Le Conseil juge en séance publique :

1° Les réclamations auxquelles les opérations de recrutement ont pu donner lieu ;

2° Les causes d'exemptions que les jeunes gens ont à faire valoir ;

3° Les causes de dispenses ;

4° Les demandes de sursis d'appel ;

5° Les demandes de substitution entre frères.

Les jeunes gens sont appelés devant le Conseil dans l'ordre du tirage en remontant du numéro le plus faible au plus élevé. Tous les conscrits sont tenus de se présenter ou d'obtenir un délai. Si quelqu'un manque à cette obligation, il est procédé comme s'il était présent.

(1) M. Batbie. — *Droit Public et Administratif.*

1° *Vérification des listes de recensement.*

Souvent on porte sur les listes des hommes inexistants ou déjà morts; il appartient au Conseil de se faire représenter les tableaux, de vérifier les inscriptions, de prononcer sur les réclamations faites à ce sujet, et d'effacer d'office les erreurs évidentes. Le Conseil réserve sa décision quand les réclamations se lient à des questions d'état de nature à être déférées aux tribunaux.

2° *Des exemptions.*

Les motifs d'exemption sont au nombre de deux : le défaut de taille et l'infirmité.

La loi de 1868 avait fixé à un mètre cinquante-cinq centimètres le minimum de la taille; la loi de 1872 l'a abaissé à un mètre cinquante-quatre centimètres. Cet abaissement aura pour résultat de faire partir des jeunes gens bien constitués qui échappaient autrefois aux charges du service.

L'officier de santé qui assiste à la séance examine les conscrits pour s'assurer qu'ils n'ont aucune infirmité les rendant impropres au service. Tous sont soumis à son inspection, alors même qu'ils ne la réclament pas, parce qu'il peut arriver qu'ils ne connaissent pas les infirmités dont ils sont atteints, ou qu'ils aient intérêt à les dissimuler.

Mais il faut remarquer que l'exemption n'est acquise qu'aux jeunes gens que leurs infirmités rendent incapables, non-seulement du service armé ou du rôle de combattants, mais encore du service dans les corps auxiliaires dits non-combattants, tels que les commis aux écritures, ouvriers, infirmiers etc., service dont la nature est loin d'exiger d'aussi rigoureuses conditions d'aptitude physique. Les individus atteints de myopie, par exemple, n'en peuvent pas moins faire d'excellents commis aux écritures, comptables, etc.

L'art. 18 contient une innovation considérable. Autrefois les jeunes gens déclarés impropres au service par le conseil de révision étaient définitivement libérés ; désormais les jeunes gens douteux, c'est-à-dire ceux qui sont d'une complexion délicate ou qui n'ont pas atteint au moment de la révision la taille voulue, peuvent être ajournés à un second et à un troisième examen. Il arrive souvent, en effet, qu'un jeune homme qui n'a pas la taille réglementaire à vingt ans, l'a quelque mois plus tard ; de même un jeune homme peut être faible, peu formé à vingt ans, et être très-robuste à vingt-deux. Ces jeunes gens n'ont pas du reste à se plaindre, car ils suivent le sort de leur classe et le temps passé par eux dans leurs foyers leur est compté comme service actif.

La disposition qui fait l'objet de l'art. 18 est empruntée à la législation allemande, mais elle est moins sévère, puisque le troisième examen est définitf, tandis que la pratique allemande permet des ajournements indéfinis.

3° *Des dispenses.*

L'exempté est celui qui est impropre à tout service actif ou auxiliaire ; le dispensé au contraire est celui qui, à raison de sa situation spéciale, mérite d'être placé en dehors de la règle ordinaire. On peut ranger en trois catégories les dispenses accordées par la loi nouvelle : les dispenses ordinaires, les dispeuses conditionnelles et celles accordées aux soutiens de famille.

Les dispenses ordinaires sont accordées aux jeunes gens que les lois de 1832 et de 1868 considéraient comme ne pouvant être enlevés à leur famille, sans y laisser un trop grand vide, quelle que soit d'ailleurs la situation de fortune de la famille. Sont dispensés à ce titre :

1° *L'aîné d'orphelins de père et de mère.* Si l'orphelin n'a ni frères ni sœurs moins âgés, il n'a pas droit à la faveur de la loi, car s'il échappe au service militaire en temps de paix, c'est qu'il est censé se consacrer à soutenir les enfants plus jeunes dont il reste le protecteur. Il suffit du reste, qu'il ait un frère ou une sœur moins âgés. Si le frère aîné est atteint d'une infirmité, et si le second frère est obligé de remplir le rôle de chef de famille, cette situation toute intéressante qu'elle soit, ne permet pas d'étendre les bornes de la loi, et le second frère n'est pas dispensé ;

2° *Le fils unique ou l'aîné des fils, ou à défaut de fils ou de gendre, le petit-fils unique ou l'aîné des petits-fils d'une femme actuellement veuve, ou d'une femme dont le mari a été légalement déclaré absent, ou d'un père aveugle ou entré dans sa soixante-dixième année*;

3° *Le plus âgé de deux frères appelés à faire partie du même tirage, si le plus jeune est reconnu propre au service.* Si les deux frères appelés au même tirage sont jumeaux, ce qui arrive généralement, le premier qui aura vu le jour bénéficiera de la dispense. Si les actes de naissance ne peuvent éclairer sur cette circonstance de priorité, celui qui aura le numéro le plus élevé sera admis à se prévaloir du départ de son frère déclaré bon pour le service, avant que lui-même ait été examiné ;

4° *Celui dont un frère est dans l'armée active.* Que le frère ait obéi à l'appel forcé, ou ait contracté un engagement ; quelque grade qu'il occupe dans l'armée, qu'il soit soldat, sous-officier, officier, il a le privilége de conférer la dispense. Cependant les engagés conditionnels d'un an, et ceux qui en temps de guerre contractent un engagement pour la durée de la guerre ne dispensent point leur frère.

Mais *quid* des militaires en disponibilité dans leurs foyers ? Peuvent-ils tant qu'ils n'ont pas cessé d'appartenir à l'armée active pour passer dans la réserve conférer la dispense à leurs frères? Il nous paraît bien difficile, le texte à la main, de leur refuser ce droit, et cette manière de voir semble partagée par le ministre de la guerre.

5° Est enfin exempté celui dont un frère sera mort en activité de service, ou aura été réformé ou admis à la retraite, soit pour blessures reçues dans un service commandé, soit pour infirmités contractées dans les armées de terre ou de mer.

Une difficulté s'était élevée autrefois dans l'hypothèse suivante : un premier frère était parti ; le second avait été exempté, le troisième était parti à son tour et était encore sous les drapeaux ; mais le premier frère, cause de l'exemption du second, se trouvait rentré dans ses foyers. Quelques Conseils de révision avaient décidé que le quatrième frère n'était pas exempt parce qu'il y avait eu déjà une exemption conférée au deuxième fils par le premier, c'est-à-dire à un autre titre que pour infirmités. Cependant la jurisprudence la plus commune et l'opinion constante des ministres de la guerre étaient dans le sens contraire ; on s'appuyait sur le principe que les exemptions sont appliquées dans la même famille toutes les fois que les mêmes droits s'y reproduisent. La loi de 1868 consacra cette dernière opinion. La loi de 1872 a fait comme elle, et décidé que la dispense accordée par les paragraphes 4 et 5 de l'art. 17 ne serait appliquée qu'à un seul frère pour un même cas, mais qu'elle se répéterait dans la même famille autant de fois que les mêmes droits s'y reproduiront.

Les causes de dispenses doivent pour produire leur effet exister au jour où le Conseil de révision est appelé à statuer. Néanmoins, l'appelé ou l'engagé qui postérieurement soit à la décision du Conseil de révision, soit au 1ᵉʳ juillet, soit à son incorporation, devient l'aîné d'orphelins de père et de mère, le fils unique ou l'aîné des fils, ou à défaut du fils ou du gendre, le petit-fils unique ou l'aîné des petits-fils d'une femme veuve, dont le mari a été légalement déclaré absent, ou d'un père aveugle, est, sur sa demande, et pour le temps qu'il a encore à servir, renvoyé dans ses foyers en disponibilité, à moins qu'en raison de sa présence sous les drapeaux, il n'ait procuré la dispense de service à un frère puîné actuellement vivant. Le bénéfice de cette disposition s'étend aux militaires devenus fils aînés, ou petits-fils aînés de septuagénaire, par suite du décès d'un frère.

Toutes ces dispenses ne sont du reste applicables qu'aux enfants légitimes, la loi, sous peine d'être immorale, ne devait pas accorder des immunités à la filiation naturelle. — L'adoption produisant aux termes du Code Civil les mêmes effets civils que la filiation légitime, la dispense serait due au fils adoptif d'une veuve, d'un aveugle, d'un septuagénaire.

Après avoir énuméré ainsi les diverses causes de dispense indiquées par l'art. 17, il nous reste à rechercher la valeur de ces dispenses, et à examiner si le législateur a bien fait d'apporter en faveur de certains jeunes gens des restrictions à la rigueur de la règle ordinaire.

A l'égard de ceux que visent les deux premiers paragraphes de notre article, aucune difficulté n'est possible, car si l'on se doit à sa patrie, ou se doit aussi à sa famille, et le législateur n'aurait pu sans méconnaître l'humanité priver un père septuagénaire, une veuve, des frères ou des sœurs en bas âge de leur soutien naturel. « Le principe de l'égalité est un principe de raison, la conscience défend de l'appliquer dans toute sa rigueur, quand il aurait pour résultat de jeter le faible dans les angoisses de l'abandon. » (1)

Mais que penser de la dispense motivée par la présence d'un frère sous les drapeaux ? Sans doute, les neuf dixièmes de ces jeunes gens feraient de bons soldats ; il est juste néanmoins de décharger les familles qui ont déjà payé leur tribut, familles nombreuses et dignes d'intérêt. Les Germains, d'après Tacite, considéraient comme une impiété de limiter le nombre de leurs enfants. L'insistance avec laquelle Tacite a fait ressortir ce trait de mœurs était une ironie indirecte à l'adresse de la corruption romaine. Est-il vrai que cette ironie atteindrait beaucoup de familles françaises ? Si oui, raison de plus pour maintenir la dispense. Nous en dirons autant à plus forte raison des frères de militaires morts au service, réformés ou retraités pour blessures reçues dans un service commandé, et même des aînés de deux frères appelés à faire partie du même tirage. Toutes les fois que l'occasion se présente de

____

(1) M. Durand. Discours prononcé dans la séance solennelle de rentrée des Facultés le 30 novembre 1872.

décharger les aînés, il faut la saisir, car la loi militaire les charge plus que les cadets. (1)

Le Conseil de révision pour accorder les dipenses n'a point à examiner en fait si la famille est oui ou non digne d'intérêt.

Ne conviendrait-il pas comme en Allemagne de faire acception de la fortune ? « Oui, disent quelques personnes, cette dispense est fondée en effet sur une présomption générale d'indigence. Il faut que les fils ou les frères bien portants remplacent ou soutiennent leurs père et frères morts, aveugles ou infirmes. Mais lorsque cette présomption ne se réalise pas, lorsqu'au lieu de l'indigence et du travail on rencontre l'opulence et l'oisiveté, pourquoi les conseils de révision n'auraient-ils pas le droit d'apprécier les situations, d'accorder comme cela se fait chez nos voisins, la dispense au travail utile, de la refuser à l'oisiveté opulente, et d'alléger ainsi le fardeau imposé au travail par le service militaire ? » Nous n'adoptons point cette solution ; le pouvoir discrétionnaire et l'appréciation des fortunes qu'elle suppose offre trop de prises au reproche d'arbitraire et de favoritisme. Possible dans l'exercice d'un pourvoir incontesté, elle serait dangereuse chez nous, en présence d'une démocratie jalouse qui tonne contre les abus et la propriété, moins parfois pour les supprimer que pour les confisquer à son profit. Tout bien

(1) L'énumération des cas de dispense est essentiellement limitative, d'où il suit que les jeunes gens qui remportent les grands prix .de l'Université ne sont plus dispensés du service.

considéré, le droit aux dispenses sans condition de
fortune, et la limitation du pouvoir discrétionnaire aux
soutiens de famille, nous paraissent devoir être maintenus.

Remarquons-le bien, car c'est là une innovation
considérable, en dispensant ces jeunes gens, la loi ne
les exempte pas du service. Sans doute les causes de
dispense ont été empruntées aux lois anciennes, mais à
la différence de ce qui avait lieu autrefois, le dispensé
n'est point libéré à titre définitif. Lorsque la cause qui
l'a retenu dans ses foyers vient à s'évanouir, il demeure soumis à toutes les obligations de la classe à
laquelle il appartient. Bien mieux, il est en temps de
paix astreint à des exercices, et en temps de guerre, il
est appelé sous les drapeaux.

Les dispenses conditionnelles sont accordées aux
jeunes gens qui s'engagent à rester pendant un temps
déterminé dans les carrières qu'il importe à l'État de
leur voir suivre ; c'est un motif d'intérêt public qui a
dicté ici la décision du législateur. Sont dispensés à ce
titre :

1° Les élèves ecclésiastiques désignés à cet effet par
les archevêques et par les évêques, et les jeunes gens
autorisés à continuer leurs études pour se vouer au
ministère dans les cultes salariés par l'État, à la condition, pour les catholiques d'être entrés dans les ordres
majeurs, pour les non catholiques d'avoir reçu la consécration avant 26 ans ;

2° Les membres de l'instruction publique, et les élèves de l'Ecole Normale supérieure de Paris qui aspirent à prendre place dans ce corps ; les professeurs des écoles nationales des sourds-muets et des institutions nationales des jeunes aveugles, dont l'engagement de se vouer pendant dix ans à la carrière de l'enseignement, aura été accepté par le Recteur de l'Académie, avant le tirage au sort, et s'ils réalisent cet engagement ;

3° Les membres et novices des associations religieuses vouées à l'enseignement ou reconnues comme établissements d'utilité publique, et les directeurs, maîtres-adjoints, élèves-maîtres des écoles fondées ou entretenues par les associations laïques, lorsqu'elles remplissent les mêmes conditions ; pourvu toutefois que les uns et les autres, avant le tirage au sort, aient pris devant le Recteur de l'Académie l'engagement de se consacrer pendant dix ans à l'enseignement, et qu'ils réalisent cet engagement dans un des établissements de l'association, à condition que cet établissement existe depuis 2 ans, et renferme 30 élèves au moins.

4° Les jeunes gens qui, sans être compris dans les paragraphes précédents, se trouvent dans les cas prévus par l'art. 79 de la loi du 15 mars 1850, et par l'art. 18 de la loi du 10 avril 1867, et ont, avant l'époque fixée pour le tirage, contracté devant le Recteur le même engagement et aux mêmes conditions.

L'engagement de se vouer pendant 10 ans à l'enseignement peut être réalisé par les instituteurs et par les instituteurs-adjoints mentionnés au § 4, tant dans les écoles publiques que dans les écoles libres désignées à cet effet par le ministre de l'instruction publique après avis du conseil départemental.

La loi établit donc une distinction considérable entre les novices des associations religieuses et les membres des associations laïques reconnues comme établissements d'utilité publique ou autorisées par la loi, et les jeunes gens n'appartenant pas à une association de ce caractère. Les premiers peuvent réaliser l'engagement qui les dispense du service dans toute école libre ou publique, fondée ou entretenue par l'association dont ils dépendent; les autres peuvent réaliser cet engagement dans les écoles publiques, cela va sans dire, mais aussi dans les écoles libres, à la condition que ces écoles auront été désignées à cet effet par le ministre de l'instruction publique après avis du conseil départemental. Ce système consacre une nouvelle conséquence de la liberté d'enseignement. Malgré la loi de 1850, les instituteurs congréganistes ne pouvaient autrefois être dispensés du service qu'à la condition d'enseigner dans une école publique. Le progrès réalisé n'a du reste rien de contraire aux intérêts de l'armée. Sous l'empire de la loi de 1832, les dispenses établies en faveur des jeunes gens voués à l'enseignement venaient en déduction du contingent. Chaque dispense enlevait un homme au contingent mis par la loi à la disposition du ministre de la guerre. Sous le régime du service universel il n'en est plus de même, et les dispositions libérales de la loi n'ont trouvé de contradiction que dans les haines irréligieuses de certaines gens qui aimeraient mieux ne dispenser aucun instituteur que de dispenser certains instituteurs.

En cas de non exécution des conditions imposées par la loi, d'abandon avant 10 ans de la carrière de l'enseignement, à toute époque de la carrière ecclésiastique, les instituteurs et les ministres du culte redeviennent passibles du service militaire. Ils doivent alors déclarer au maire de leur commune qu'ils veulent cesser leurs études ecclésiastiques, ou qu'ils renoncent à l'enseignement ; sans quoi ils s'exposent à être poursuivis correctionnellement comme coupables d'avoir voulu se soustraire au recrutement.

Le législateur, on le voit, s'est attaché à faire reposer ces dispenses sur les besoins du service public ; il a rangé sous une règle uniforme le culte catholique et les cultes non catholiques, l'enseignement religieux et l'enseignement profane, l'intelligence et l'âme. Il s'est renfermé dans les termes les plus stricts du droit commun ; il a écarté jusqu'à l'ombre du privilége. Tant de soins et de scrupules étaient faits pour désarmer les plus ombrageux. Les dispenses relatives à l'enseignement n'ont guère soulevé d'objections ; les dispenses relatives aux cultes ont au contraire trouvé des contradicteurs même dans l'enseignement. Ces contradictions procèdent d'une étrange ignorance des faits et d'une intelligence absolue des principes.

En fait, d'après la décomposition moyenne d'une classe, les dispositions de l'art. 20 donnent aux cultes 1,678 dispenses pour 1,953 à l'enseignement, dont le personnel est moins nombreux. La proportion est plus forte dans la sphère profane que dans la sphère religieuse. En 1862, pour une population deux fois moindre, dans un pays aux deux tiers protestant, le recrutement prussien avait affranchi ou ajourné 1,797 étudiants en théologie.

Le principe de la liberté de conscience est d'ailleurs intéressé au maintien, non à la suppression de ces dispenses, car les entraves apportées sous prétexte d'égalité à la formation des clergés, par des obligations militaires incompatibles avec leur discipline, seraient l'oppression, non la liberté de la conscience.

Telle est l'économie des dispenses édictées par l'article 20 dans l'intérêt des cultes et de l'enseignement, dispenses empruntées aux lois antérieures. Nous les croyons éminemment sages. La Commission avait songé d'abord à imposer aux membres de l'enseignement laïque l'obligation de passer un certain temps dans l'armée, mais sur les observations du ministre de l'instruction publique, cette disposition fut abandonnée. Outre qu'elle eût été une source de récriminations amères de l'esprit laïque contre l'esprit ecclésiastique, elle aurait eu pour résultat de rendre extrêmement difficile le recrutement du personnel de l'enseignement laïque.

Sont encore, à titre conditionnel, dispensés du service militaire :

1° Les artistes qui ont remporté les grands prix de l'Institut, à condition qu'ils passeront à l'Ecole de Rome les années réglementaires et rempliront leurs obligations envers l'Etat (1). Cette mesure ne fera perdre à l'armée qu'un nombre extrêmement restreint de soldats, puisqu'elle ne donnera pas plus d'un dispensé tous les deux ans, et elle permettra à l'art français de conserver sa place dans le monde.

2° Les élèves de l'Ecole des Langues Orientales vivantes et les élèves de l'Ecole des Chartes, nommés après examen, à condition de passer dix ans tant dans les dites écoles que dans un service public. Ces jeunes gens sont appelés à un service d'une difficulté particulière qui demande une vocation toute spéciale et auquel ils se préparent par des études qui ne sauraient être interrompues sans un grave préjudice pour eux et pour l'intérêt public. Ils devront justifier de leur présence à l'Ecole au moyen d'un certificat délivré par le directeur.

Disons un mot en terminant des élèves de l'Ecole Polytechnique et des élèves de l'Ecole Forestière. Ils sont considérés comme présents sous les drapeaux pendant tout le temps qu'ils passent dans lesdites Ecoles. Ceux qui ne peuvent satisfaire aux examens de sortie

(1) Cette disposition n'existait pas dans le projet de la Commission ; elle a été ajoutée sur la demande de M. Beulé.

suivent le sort de la classe à laquelle ils appartiennent par leur âge, mais le temps qu'ils ont passé à l'Ecole leur est compté en déduction des années de service qu'ils doivent accomplir. Ceux au contraire qui subissent avec succès ces examens, entrent soit dans l'armée, soit dans les carrières civiles. Ces derniers étaient autrefois exempts de tout service militaire; la loi nouvelle en a disposé autrement. D'après l'art. 19, ces jeunes gens, parmi lesquels figurent presque toujours les 20 à 30 premiers de promotion de l'Ecole Polytechnique, auront désormais leur place marquée dans les commandements et les opérations militaires.

Les dispenses à titre de soutien de famille sont accordées à des jeunes gens dont le concours est indispensable pour assurer la subsistance de leur famille par le travail.

Les jeunes conscrits qui croient avoir des droits à cette dispense doivent s'adresser au maire de la commune où ils sont domiciliés. Ce magistrat soumet les demandes qui lui sont adressées au Conseil municipal, qui examine si les postulants contribuent effectivement à l'entretien de leur famille et dresse une liste de ceux qui lui paraissent remplir les conditions voulues pour obtenir la dispense. Cette liste est ensuite présentée au Conseil de révision par le maire.

Le Conseil, auquel sont adjoints deux nouveaux membres du Conseil général désignés par la commission permanente, et réuni au chef-lieu du département,

examine de nouveau les demandes et accueille celles
qui lui paraissent fondées.

Les dispenses à titre de soutien de famille ne peuvent être accordées par département que jusqu'à concurrence de 4 0/0 du nombre des jeunes gens reconnus propres au service et compris dans la première
partie des listes du recrutement cantonal.

Les maires doivent tous les ans présenter au Conseil
de révision un rapport sur la situation des jeunes gens
de la commune qui ont été dispensés pendant les années
précédentes et ceux qui ont cessé d'être nécessaires à la
famille sont immédiatement mis en route.

Mais le Conseil de révision pourra-t-il substituer
d'autres jeunes gens à ceux auxquels il retire le bénéfice de la dispense ? Non, dirons-nous, car ce Conseil
a épuisé sa juridiction à l'égard de ces jeunes soldats,
qui, depuis leur arrivée au corps, ne sont plus justi-
ciables que de l'autorité militaire. Seulement, dans ce
cas, comme dans tous les autres où le Conseil de révision est dessaisi par l'incorporation, les jeunes soldats
qui se trouveraient dans la position digne d'intérêt déterminée par l'art. 22, pourraient se pourvoir devant
l'autorité militaire, afin d'obtenir leur renvoi dans leurs
foyers en congé renouvelable. Le ministre de la guerre,
ou les officiers généraux délégués par lui, continueront,
sans doute, comme par le passé, à satisfaire ainsi aux
doubles nécessités sociales et militaires entre lesquelles
la loi de recrutement a établi une juste balance qui ne

saurait être irrémédiablement rompue par le seul fait de l'incorporation.

Les cas de dispense que nous venons d'examiner sont jugés sur la production de documents authentiques et, à défaut, sur les certificats signés de trois pères de famille domiciliés dans le même canton, dont les fils sont soumis à l'appel ou ont été appelés. Ces certificats, signés et approuvés par le maire de la commune du réclamant, sont appréciés par le Conseil, et déposés ensuite aux archives de la préfecture, d'où il ne peuvent plus sortir ; les parties ne peuvent en obtenir que des copies authentiques.

4° *Des sursis d'appel.*

Après avoir fait la part de la famille, des indigents et des grands services publics, le législateur, dans l'art. 23, se place en présence d'une nouvelle situation et dans le but de satisfaire aux besoins des jeunes gens qui ont à se perfectionner dans leur apprentissage, dans le métier par eux entrepris, ainsi qu'aux nécessités de certaines exploitations, il permet d'accorder des sursis d'appel aux jeunes conscrits qui en feront la demande avant le tirage au sort. Les postulants doivent établir à cet effet qu'il est indispensable soit pour leur apprentissage, soit pour les besoins de l'exploitation agricole, industrielle ou commerciale à laquelle ils se livrent pour leur propre compte ou pour celui de leurs parents, qu'ils ne soient pas enlevés immédiatement à leurs travaux.

Les motifs invoqués pour l'obtention des sursis d'appel devront évidemment avoir un caractère particulier qui se distingue de la simple utilité que présente presque toujours pour une famille le concours d'un fils. Il faut qu'il y ait impossibilité de remplacer l'appelé dans la direction de l'exploitation avant la mise en route de sa classe, ou nécessité pour lui de continuer sans interruption son apprentissage.

Une pareille exception n'était nécessaire ni avec la loi de 1832, ni avec celle de 1868, car sous l'empire de ces lois, l'intérêt économique et l'intérêt agricole étaient sauvegardés par la faculté laissée aux jeunes gens appartenant à cette catégorie de se faire remplacer. Le remplacement n'existant plus, il a bien fallu trouver un moyen de pallier les inconvénients qui pouvaient résulter de l'appel immédiat sous les drapeaux des jeunes gens qui se trouvent dans la situation que prévoit l'art. 23. Rien de plus juste, d'ailleurs, que la disposition de cet article. Les carrières libérales, grâce à l'institution du volontariat d'un an, n'auront point à souffrir de l'obligation du service personnel, l'équité demandait qu'on établît en faveur de situations également respectables des tempéraments analogues. Dans beaucoup d'industries l'apprentissage est loin d'être terminé à 20 ans ; à cet âge, l'instruction de l'apprenti est souvent à peine ébauchée ; l'appel immédiat sous les drapeaux le rendrait impropre à son état. Dans les professions où l'apprentissage est moins long, cinq ans passés au service feraient désapprendre à l'ouvrier, dans une mesure plus ou moins grande, le métier dont l'apprentissage vient de le mettre en possession. Lors de la grande enquête sur le régime économique, les industriels se plaignaient unanimement du trouble jeté dans les fabriques par la loi de recrutement qui en faisait sortir périodiquement les éléments les plus actifs et les plus intelligents. On a fait souvent autrefois le calcul de la déperdition de forces qui résultait pour la production du temps consacré par la jeunesse au service militaire. Que serait-ce sous un régime qui astreint tout le monde au service personnel, si le législateur n'avait eu soin de tempérer par de prudentes dispositions la rigueur du principe ? Les chefs d'industrie perdraient le concours de leurs fils ou des jeunes gens qu'ils peuvent former pour les aider dans leur entreprise, au moment même où ils peuvent espérer que cette collaboration va leur donner des résultats profitables.

Ce n'est pourtant qu'après de longues discussions que l'art. 23 a pris place dans la loi. C'est que dans le projet primitif le sursis d'appel constituait un véritable privilége, puisque la durée du service pour celui qui l'avait obtenu était abrégée d'un nombre d'années égal à la durée du sursis, et qu'il s'assurait ainsi la possibilité de ne rester qu'une année sous les drapeaux, même si son numéro de tirage l'avait classé dans la première partie du contingent. Dans le système qui a été adopté les choses se passent tout différemment. Le sursis perd tout caractère de faveur ou de privilége ; il permet à celui qui l'obtient de retarder, pour des motifs valables et suffisamment justifiés l'accomplissement des obligations que la loi lui impose, mais il ne restreint en rien l'étendue de ces obligations. Ce jeune homme est considéré comme faisant partie, non plus de la classe à laquelle il appartient par son âge, mais de celle qui la suit, et non seulement il accomplit dans cette dernière classe la totalité du service dû, mais ce service sera fait dans les conditions déterminées par le numéro qui lui est échu dans le tirage au sort de sa classe. Il n'y a donc véritablement qu'un retard dans l'exécution des obligations imposées par le service personnel. « Si celui qui obtient le sursis échappe à des chances de guerre pendant un an ou deux, c'est pour en courir d'autres pendant un temps égal quand les jeunes gens de sa classe seront rentrés dans leurs foyers. » (1) Cette considération est de nature à arrêter des demandes non fondées. La plupart des jeunes gens aimeront mieux s'acquitter le plus tôt possible de leurs obligations envers le pays, et ceux là seulement voudront reculer avec l'époque de leur entrée au service le moment de leur libération définitive, qui auront des motifs sérieux de prendre une semblable détermination.

Les demandes de sursis doivent être adressées au Maire qui, après les avoir examinées et pris l'avis du Conseil municipal, les adresse au sous-préfet, lequel

(1) M. Durand. Discours de rentrée.

les transmet au Préfet avec ses observations. La décision est ensuite rendue, non par le Conseil de révision au canton qui ne fait que compléter l'instruction, mais par le Conseil de révision réuni au chef-lieu du département et auquel s'adjoignent deux nouveaux membres du Conseil général désignés par la commission départementale. Les sursis peuvent être accordés pour tout le département et par chaque classe jusqu'à concurrence de 4 0/0 du nombre des jeunes gens reconnus propres au service et compris dans la première partie des listes du recrutement cantonal.

Les jeunes gens qui obtiennent les sursis sont astreints à des exercices et doivent rejoindre immédiatement le drapeau dans le cas où la guerre viendrait à éclater.

5° *Des substitutions.*

Le Conseil de révision peut enfin être appelé à statuer sur une demande de substitution. Voici en effet ce qui peut se présenter : deux frères font partie du même tirage, l'aîné dira au plus jeune : « tu es marié, tu as des enfants ; » ou bien : « tu es le soutien de nos parents, tu as une profession qui te permet d'aider toute la famille ; la loi veut que tu sois compris dans le contingent et que je sois dispensé ; faisons le contraire, je vais partir à ta place. » La loi autorise une semblable convention et permet à l'aîné de se substituer à son frère si son aptitude au service est reconnue par le Conseil de révision. Renfermée dans des

limites aussi restreintes, la substitution n'a rien que
de juste et de profondément moral.

Lors des discussions de la loi, quelques députés de-
mandèrent que la substitution fût autorisée après six
mois ou un an de présence sous les drapeaux, entre les
jeunes gens de la première, et ceux de la deuxième
partie du contingent ; mais cette demande ne fut pas
accueillie par l'Assemblée, et je ne crois pas qu'il y
ait lieu de le regretter.

Le législateur de 1872 n'a pas eu seulement pour
but d'assurer à l'armée le nombre de soldats nécessaire aux guerres modernes. Il a voulu élever le niveau
intellectuel et moral de l'armée en réunissant sous le
même drapeau le fils de famille et le prolétaire, et
faire participer la classe qui possède à la défense de son
bien, or la substitution n'aurait pas fonctionné trois
ans que l'armée serait composée exactement comme
elle l'était sous l'empire de la loi de 1832. Ceux qui
faisaient sept ans ne feraient plus que cinq ans, et
ceux qui ne servaient pas serviraient six mois, si bien
que l'armée active, le noyau des forces de guerre de
la nation, serait exclusivement formée de prolétaires,
et que les réserves insuffisamment instruites compren-
draient seules l'élite de la nation. La substitution dé-
truirait donc le principe qui domine toute la loi, principe qui est celui du service obligatoire, elle détrui-
rait aussi l'institution du volontariat d'un an. Quelle
apparence en effet que des jeunes gens qui pourraient
sans se livrer à aucune étude spéciale, sans satisfaire

à aucune condition, obtenir moyennant une somme d'argent, de faire un temps de service plus court encore que celui du volontariat d'un an, prissent la voie relativement difficile du volontariat au lieu de la voie toute simple et toute naturelle de la substitution ? Ils attendraient donc le tirage au sort ; s'ils obtenaient un bas numéro, ils chercheraient un substituant et pour en trouver ils s'adresseraient à des compagnies qui ne tarderaient pas à reparaître. Pour bien comprendre la réalité du danger que nous signalons, il suffit de se reporter à ce qui s'est passé sous l'empire de la loi de 1855 qui autorisait la substitution entre les jeunes gens d'un même canton. Dans ces conditions, pensait-on, la substitution n'aurait rien de dangereux; on était bien persuadé que les compagnies ne s'en mêleraient plus. On se trompait, les compagnies recommencèrent leur trafic et deux années ne s'étaient pas écoulées que déjà l'on reconnaissait l'imprudence commise.

§ 6. — Des voies de recours contre les décisions du Conseil de révision.

En principe, les décisions du Conseil de révision sont définitives, et cela se conçoit, car il est important que le sort des jeunes gens soit fixé dans un bref délai.

Cependant ces décisions peuvent être attaquées devant le Conseil d'Etat, pour trois causes : Incompétence, excès de pouvoir ou violation de la loi.

1° *Incompétence et excès de pouvoir.*

Il est quelquefois assez difficile de distinguer en quoi l'incompétence diffère de l'excès de pouvoir. On a soutenu qu'il n'est pas possible que quelqu'un excède les limites de sa compétence sans sortir par cela même des bornes de ses pouvoirs. Cependant, dans la langue juridique, une nuance sépare le pouvoir attribué par la loi à certaines autorités de statuer sur un certain ordre de matière, et leur compétence spéciale, qui se détermine par des circonstances de temps, de lieu, de personnes ou de choses.

Voici la définition de ces termes qui nous est donnée par Dalloz :

Excès de pouvoir. Ce mot se prend dans un sens général et dans un sens spécial. Dans un sens général, c'est pour le juge ou le fonctionnaire, le fait de rendre une décision ou de produire un acte en dehors des attributions qui leur sont tracées par la loi.

Le juge et le fonctionnaire sortent de leurs attributions de trois manières : ou bien ils empiètent sur un pouvoir différent du leur : on dit alors qu'il y a usurpation de pouvoirs ; ou bien ils troublent l'ordre établi par la loi dans les attributions entre les agents d'un même pouvoir ; ou dit alors qu'il y a imcompétence ; ou bien ils dénaturent, sans empiétement, les pouvoirs qui leur sont confiés, ils font plus et autre chose que ce que veut la loi, c'est plus spécialement à cette sorte d'infractions qu'on applique communément l'expression d'excès de pouvoirs.

Incompétence. Au fond, c'est une usurpation de pouvoirs. C'est à ce point de vue général qu'on a pu les confondre.

L'usage a réservé ce nom à l'empiétement des attributions d'un tribunal par un autre de même ordre.

La décision du conseil de révision pourrait être attaquée pour incompétence s'il statuait sur une question d'état, si, par exemple, il déclarait Français un individu qui se prétend étranger. Lorsque des questions de ce genre sont soulevées devant le Conseil de révision il doit s'arrêter et attendre que la justice ait statué. Mais les tribunaux doivent se contenter d'examiner et de juger la question civile, sans décider si le jeune homme est ou non dans un cas d'exclusion ou de dispense ; ils résoudraient alors une question réservée à l'examen des autorités administratives et leur jugement serait annulé en cette partie par le Conseil d'état ou la Cour de cassation.

Le Conseil de révision excéderait ses pouvoirs si par exemple il faisait passer un conscrit d'une partie de la liste cantonale dans une autre.

Dans ces deux cas le droit d'agir appartient au conscrit lui-même ou à sa famille.

2° *Violation de la loi.*

Déjà sous l'ancienne législation, la jurisprudence avait admis le recours au Conseil d'état à raison de l'incompétence ou de l'exès de pouvoir ; quant aux décisions entachées de violation ou de fausse interprétation de la loi, le Conseil d'état se refusait à en connaître avant la loi nouvelle. Désormais, lorsque le ministre de la guerre jugera qu'une décision de Conseil de révision est affectée de ce vice, il en poursuivra l'annulation dans l'intérêt de la loi. Toutefois à la différence de ce qui se produit pour le pourvoi en Cassation formé dans l'intérêt de la loi, l'annulation profite à la partie lésée.

§ 7. — De la liste du recrutement cantonal et du registre matricule.

Lorsque les Conseils de révision ont terminé leurs opérations, la liste du recrutement cantonal est définitivement arrêtée. Cette liste est divisée en cinq parties. La première comprend par ordre de numéros tous les jeunes gens déclarés propres au service, la seconde tous les dispensés ordinaires, la troisième les dispensés conditionnels, la quatrième les jeunes gens destinés au service auxiliaire, la cinquième les ajournés à une nouvelle révision.

Au moyen de ces listes, il est tenu, dans chaque département un registre matricule sur lequel sont portés les noms de tous les jeunes gens qui n'ont pas été déclarés impropres à tout service. Ce registre doit mentionner l'incorporation de chaque homme inscrit, ou la position dans laquelle il est laissé, et successivement tous les changements qui peuvent subvenir dans sa situation jusqu'à ce qu'il passe dans l'armée territoriale. Chaque homme inscrit sur ce registre est tenu de faire connaître quand il change de domicile, de sorte que l'administration de la guerre sait toujours où elle doit le trouver lorsqu'elle a, selon les circonstances, à l'avertir de ce que la loi lui prescrit. Si le jeune soldat manque à cette obligation il est déféré aux tribunaux ordinaires et puni d'une amende de 10 fr. à 200 fr. ; il peut en outre être condamné à un emprisonnement de quinze jours à trois mois.

Le registre matricule est la base sur laquelle repose en partie le système de la loi ; seul il permet de suivre tous les hommes qui peuvent être appelés à faire partie de l'armée active et de la réserve ; seul il permet de les classer, non-seulement selon leur incorporation, mais selon les diverses situations que leur donnent leur profession et leur aptitude ; et le jour où il est nécessaire de faire appel à leur dévouement, on les retrouve tout classés d'avance, et on sait comment ils doivent être placés pour rendre les meilleurs services. (1).

SECTION II.

DES ENGAGEMENTS.

Les appels constituent le mode ordinaire d'application de l'obligation du service militaire imposée par la

____

(1) Rapport de M. de Chasseloup-Laubat.

loi du 27 Juillet 1872 à tous les Français. Il en est cependant encore un autre qui depuis 1832 n'est plus considéré que comme subsidiaire, à raison du nombre relativement peu élevé des citoyens qui l'adoptent. Nous voulons parler de l'engagement volontaire.

L'engagement est l'acte volontaire et désintéressé par lequel un individu propre au service militaire se lie envers l'État pour un temps de ce service. Nous disons *désintéressé*, car aux termes de l'art. 2: Il n'y a dans les troupes françaises ni primes en argent, ni prix quelconque d'engagement. La loi de 1872 consacre quatre espèces d'engagements volontaires : 1° L'engagement ordinaire. 2° L'engagement en temps de guerre, pour la durée de la guerre. 3° L'engagement spécial aux militaires qui veulent passer de la disponibilité à l'activité. 4° L'engagement conditionnel d'un an.

§ 1. — De l'engagement ordinaire.

Tout Français non lié au service militaire dans les armées de terre ou de mer est admis à contracter un engagement volontaire s'il remplit certaines conditions les unes civiles, les autres militaires.

Les conditions civiles sont indiquées par l'art. 46. L'engagé volontaire doit :

1° Jouir de ses droits civils ;

2° N'être ni marié ni veuf avec enfants ;

3° Savoir lire et écrire ;

4° Obtenir, s'il est âgé de moins de vingt ans, le consentement de ses père, mère ou tuteur ; ce dernier doit être autorisé par une délibération du conseil de famille. La loi nouvelle a conservé avec raison la dérogation introduite par le législateur de 1832 à l'art. 374 du Code Civil qui permettait au jeune homme de 18 ans de s'engager sans la permission de son père. Si l'autorisation n'est plus exigée après l'accomplissement de la vingtième année, bien que la minorité dure encore pendant un an, c'est qu'on a voulu laisser aux jeunes gens qui ont atteint l'âge du service militaire, la faculté de prévenir l'appel de leur classe par un enrôlement dans un corps de leur choix.

5° L'engagé doit être porteur d'un certificat de bonne vie et mœurs délivré par le maire de la commune de son dernier domicile, et s'il ne compte pas au moins une année de séjour dans cette commune, il doit produire en outre, un certificat des maires des communes où il a été domicilié dans le cours de cette année. Ce certificat doit contenir le signalement du jeune homme qui veut s'engager, mentionner la durée du temps pendant lequel il a été domicilié dans la commune et attester :

Qu'il jouit de ses droits civils ; qu'il n'a subi aucune condamnation correctionnelle pour vol, escroquerie, abus de confiance ou attentat aux mœurs.

La loi se montre donc plus difficile pour l'engagement que pour l'appel. Une peine, si minime qu'elle soit, rend un jeune homme inhabile à contracter un engagement volontaire.

Les conditions relatives soit à l'aptitude militaire, soit à l'admissibilité dans les différents corps de l'armée, sont déterminées par le même art. 46, et par le décret du 30 novembre 1872. L'engagé doit :

1° S'il entre dans l'armée de mer, avoir seize ans accomplis sans être tenu d'avoir la taille exigée par la loi, mais sous la condition qu'à l'âge de 18 ans il ne pourra être admis s'il n'a pas cette taille.

2° S'il entre dans l'armée de terre, avoir 18 ans accomplis et au moins la taille de 1 mètre 54 centimètres.

3° N'avoir pas plus de 24 ans, parce qu'il ne doit pas se trouver sous les drapeaux comme soldat ou comme caporal après l'âge de 29 ans accomplis.

4° Etre sain, robuste et bien constitué.

5° Avoir la taille et les aptitudes nécessaires pour le corps dans lequel il demande à entrer et indiquées dans le tableau n° 1, joint au décret.

L'engagement ne peut être contracté que pour 5 ans ; sa durée compte du jour où il a été souscrit, et cette disposition est applicable aux jeunes gens qui, après s'être engagés, sont compris comme jeunes soldats dans une classe.

D'après le décret du 30 novembre 1872, peuvent être admis à contracter l'engagement volontaire : l'homme exempté par le Conseil de révision pour inaptitude au service militaire, s'il vient plus tard à réunir les conditions d'aptitude voulues, et l'homme réformé au corps si les causes qui ont motivé sa réforme ont cessé d'exister. Aux termes de l'art. 9 du même décret, les jeunes gens continueront à être admis à contracter l'engagement volontaire même après le tirage au sort de leur classe, mais seulement jusqu'à la veille du jour où le Conseil de révision examine les jeunes gens du canton auquel appartient l'engagé, et non plus comme autrefois jusqu'à la veille du jour de la clôture de la liste du contingent cantonal. Après cette époque, les jeunes gens ne peuvent plus que demander à devancer la mise en activité.

Les engagés volontaires jouissent d'un double avantage; ils ne peuvent être renvoyés dans leurs foyers pendant la durée de l'engagement, à moins qu'ils n'y consentent, et ils peuvent choisir le corps dans lequel ils accompliront leur engagement, sous la triple restriction de satisfaire aux conditions de taille et d'aptitude exigées pour chaque corps, de ne pouvoir choisir un corps en garnison dans le département où ils résident qu'en produisant le consentement du chef de corps, et de pouvoir être changés de corps et d'armes lorsque l'intérêt ou les besoins du service l'exigent.

L'acte d'engagement doit être passé dans la forme des actes de l'état civil. Le jeune homme se présente assisté de deux témoins devant le Maire du chef-lieu de canton. Ce magistrat doit faire déclarer au jeune homme qu'il n'est pas lié au service militaire par une obligation antérieure. Il donne ensuite lecture à l'engagé :

1° Des art. 7, 46, 47 et 50 de la loi ;

2° Des art. 1, 13 et 14 du décret du 30 nov. 1872;

3° De l'acte d'engagement.

Les certificats et les autres pièces produites par l'engagé restent annexés à la minute de l'acte.

Immédiatement après la signature de son acte d'engagement, l'engagé volontaire reçoit une expédition de cet acte et un ordre de route pour se rendre à son corps.

Si un mois après le jour où l'engagé volontaire devait arriver au corps il n'a point paru, il est, à moins de motifs légitimes, poursuivi comme insoumis.

Tout engagé qui contesterait la légalité ou la régularité de l'acte qui le lie au service militaire adressera sa réclamation au Préfet du département où l'acte a été passé. Les Préfets transmettront les demandes en annulation d'acte d'engagement volontaire au Ministre de la guerre qui statuera, s'il y a lieu, ou renverra la contestation devant les tribunaux.

Dans tous les cas, l'engagé volontaire doit obéir à l'ordre de route qu'il aurait reçu, les réclamations contre la validité de l'acte qu'il a signé n'ayant point d'effet suspensif.

§ 2. — De l'engagement contracté en temps de guerre pour la durée de la guerre.

Cet engagement ne diffère du précédent que par sa durée et par les conditions moins rigoureuses exigées de l'engagé volontaire. La loi a voulu permettre à tout Français qui ne figure ni dans l'armée active, ni dans la réserve de prendre les armes pour le temps de la guerre dès qu'il est apte à faire un bon service dans le corps pour lequel il s'engage, qu'il produit s'il a moins de vingt ans le consentement de ses père, mère ou tuteur, et qu'il n'est pas dans un des cas d'exclusion indiqués par l'art. 7. Les autres conditions exigées des engagés volontaires ne lui sont point applicables. Cet engagement est, comme celui de cinq ans, souscrit devant l'officier d'état civil et soumis aux mêmes formalités.

L'engagement contracté pour la durée de la guerre ne dispense point le frère de l'engagé, à moins que cet engagé ne vienne à mourir sous les drapeaux.

§ 3. — De l'engagement spécial aux militaires qui veulent passer de la disponibilité à l'activité.

Il diffère des deux précédents par la durée et par la manière dont il est contracté. Au lieu d'être de cinq années pour tous, il a pour durée le temps de service que chaque engagé devait passer dans la disponibilité, de manière à compléter pour lui, cinq ans de service sous les drapeaux. D'après l'art. 18 du décret du

30 novembre, peuvent seuls être admis à contracter cet engagement les militaires qui se trouvent dans les conditions suivantes : Ceux qui accomplissent le temps de service prescrit par les art. 40 et 41, lorsqu'ils comptent au moins trois mois de présence dans l'armée active ; les engagés conditionnels d'un an présents au corps ; les militaires en disponibilité, conformément à l'art. 42 ou aux dispositions finales de l'art. 17 et qui ont encore au moins une année de service à faire, et ceux renvoyés dans leurs foyers après le temps de service exigé des engagés volontaires d'un an. Les militaires choisissent le corps dans lequel ils veulent compléter cinq années de service actif, mais seulement dans l'arme où ils ont déjà servi. Ils ne peuvent être envoyés en congé malgré eux.

Cet engagement est contracté devant un fonctionnaire de l'intendance militaire.

§ 4. — De l'engagement conditionnel d'un an.

Le volontariat d'un an est l'engagement par lequel un jeune homme, avant le tirage au sort, contracte l'obligation de servir pendant un an dans l'armée, moyennant certaines conditions et certaines garanties. Il constitue l'une des innovations les plus importantes de la loi de 1872. La stricte exécution d'une loi militaire basée sur le principe du service personnel obligatoire aurait pour résultat de désorganiser la nation en organisant l'armée. Que deviendraient les carrières civiles si les jeunes gens qui s'y destinent étaient à l'heure où ils commencent à se former obligés d'inter-rompre, pendant cinq ans peut-être, leurs études. Il fallait donc, à l'exemple des nations chez lesquelles existe le service obligatoire, introduire des tempéraments qui ne fussent point en désaccord avec nos institutions démocratiques pour permettre aux jeunes gens instruits de payer leur dette au pays par un service restreint.

L'engagement conditionnel ou volontariat d'un an repose sur une double considération. Le jeune homme instruit a besoin de moins de temps que tout autre pour apprendre le métier des armes ; de plus, la société est intéressée à enlever le moins longtemps possible à leurs études ceux qui doivent lui rendre plus de services, et, si elle est certaine de ne pas en faire pour cela de moins bons soldats, elle aura satisfait deux intérêts, celui du jeune homme et le sien propre.

L'engagement conditionnel est donc un avantage pour le volontaire et pour le pays, pour le volontaire puisqu'il pourra, grâce à lui, continuer et terminer ses études ; pour le pays, car les fonctions sociales ne se réduisant pas au seul service militaire, il faut de toute nécessité avoir pour les carrières civiles des candidats préparés par des études suffisantes.

La loi distingue deux sortes d'engagés volontaires d'un an : les engagés sans examen et les engagés après examen.

Dans la première catégorie figurent les jeunes gens

porteurs d'un des titres universitaires ou de l'un des certificats délivrés par les écoles nationales déterminées par l'art. 53. Ce sont : les bacheliers ès-lettres et les bacheliers ès-ciences, les individus pourvus des diplômes de fin d'études ou des brevets de capacité énumérés par les art. 4 et 6 de la loi du 21 juin 1865, ceux qui font partie de l'école centrale des arts et manufactures, des écoles nationales des arts et métiers, des écoles nationales des beaux arts, du conservatoire de musique, des écoles nationales vétérinaires et des écoles nationales d'agriculture ; les élèves externes de l'école des mines, de l'école des ponts-et-chaussées, de l'école du génie maritime et ceux de l'école des mineurs de Saint-Etienne (1).

L'art. 2 du décret du 1er décembre 1872 détermine les pièces justificatives à produire en vertu de l'art. 53. Il résulte de ce texte et de l'instruction ministérielle jointe au décret que le baccalauréat ès-sciences restreint et le certificat de capacité en droit ne sauraient être considérés comme l'équivalent des titres ci-dessus indiqués. En admettant que cette interprétation restrictive soit basée sur les termes de la loi pour ce qui concerne le certificat de capacité délivré dans les fa-

______

(1) Les écoles nationales dont il est question dans la loi sont celles: 1° des arts et métiers d'Aix, d'Angers et de Châlons ; 2° des beaux-arts de Paris, Dijon et Lyon ; 3° vétérinaires d'Alfort, de Lyon et de Toulouse ; 4° d'agriculture de Grignon (Seine-et-Oise), de Grandjouan (Loire-Inférieure) et de Montpellier. Enfin outre le Conservatoire de musique de Paris, ses succursales de Lille, Toulouse, Dijon et Nantes sont admises au même bénéfice.

cultés de droit, il nous est bien difficile de reconnaître
avec le ministre de la guerre, que le législateur ait eu
la pensée d'exclure le baccalauréat ès-sciences restreint. Cette exclusion ne peut se comprendre en présence de l'admission au bénéfice de l'art. 53 des élèves
des écoles d'arts et métiers et du conservatoire de musique. Le diplôme dont il s'agit suppose une instruction au moins égale à celle qu'a pour but de constater
le diplôme de fin d'études de l'enseignement spécial,
et il nous semble que ce n'aurait pas été faire violence
au texte de la loi que de l'entendre dans son sens gé-
nérique le plus étendu.

Après avoir dans l'art. 53 fait la part des carrières
libérales, le législateur dans l'article suivant s'est efforcé
de sauvegarder l'intérêt de l'agriculture, du commerce
et de l'industrie en permettant aux jeunes gens qui
s'y destinent et qui ne sont point munis des diplômes
ou certificats sus-indiqués, de ne passer en temps de
paix qu'une année sous les drapeaux, s'ils subissent
avec succès un examen dont le programme est déterminé par le ministre de la guerre (1).

(1) Les matières qui font l'objet de cet examen sont indiquées dans
l'annexe du décret du 31 octobre 1872.

AGRICULTURE

Natures diverses des terrains au point de vue de la culture. — En-
grais et amendements. — Climats, saisons, leurs rapports avec la
culture. — Moyens d'utiliser les eaux ou de s'en préserver. — Instruments et machines agricoles. — Méthodes et procédés de culture.
— Conservation des récoltes. — Bestiaux et animaux domestiques.—

La demande d'admission à cet examen doit être adressée au Préfet du département dix jours au moins avant l'époque fixée pour l'ouverture de l'examen. Cette demande doit être écrite et signée par le postulant, mentionner ses nom, prénoms, sa profession, le lieu de son domicile légal et celui de sa résidence. Elle indique en outre dans quelle série (agriculture, commerce, industrie) le candidat désire être classé pour son examen. Les jeunes gens dont les connaissances professionnelles ne rentreraient pas exactement dans l'une de ces trois séries, par exemple ceux qui appartiennent aux administrations publiques (ponts et chaussées, finances, préfectures et sous-préfectures, mairies, télégraphes, etc.), ceux qui se destinent aux fonctions de notaire, d'avoué, d'huissier etc., font choix de la série dont leur profession ou fonctions se rapprochent le plus. (Inst. du 1er décembre 1872.)

Comptabilité agricole. — Débouchés des principaux produits agricoles de la région.

COMMERCE

Marchandises qui font l'objet de la spécialité du candidat, leur provenance, leur emploi et leur prix de revient. — Comptabilité et tenue des livres. — Dénomination des livres de commerce. — Principales opérations de commerce ou de banque. — Formules usuelles du billet à ordre, de la lettre de change, du mandat, du chèque, etc. — Signification des principaux termes de commerce ou de banque.

INDUSTRIE

Caractères et propriétés des matières premières ou matériaux. — Leur extraction, leur préparation, leur transformation ou leur emploi. — Moteurs, machines, instruments et outils dont le candidat fait habituellement usage. — Procédés au moyen desquels il obtient les produits de son industrie spéciale. — Nature de ces produits.

L'insuffisance de cette dernière disposition est évidente. Le diplôme de bachelier ès-sciences restreint, ou le certificat de capacité en droit qui d'après l'instruction précitée ne dispensent pas de l'examen dont il s'agit, ont certainement un caractère beaucoup plus sérieux, surtout pour les nombreux candidats dont la profession ne rentre dans aucune des trois séries établies par le décret du 31 octobre, et ne peut y être rattachée que par une fiction arbitraire. Espérons qu'un remaniement du programme des examens viendra faire cesser un pareil état de choses.

Aux termes du décret du 31 octobre, l'examen comprend deux épreuves ; une épreuve écrite et une épreuve orale. La première consiste en une dictée française ; la seconde se divise en deux parties. L'une comprend les matières obligatoires pour tous les candidats : lecture, éléments de la langue française, calcul et système légal des poids et mesures, éléments de l'histoire et de la géographie de la France. L'autre comprend les notions élémentaires et pratiques relatives à l'exercice de la profession dont nous avons donné plus haut l'énumération.

Les examinateurs sont nommés par le ministre de la guerre et choisis parmi des agriculteurs, industriels et commerçants, ou des citoyens ayant exercé l'une de ces professions.

Lorsque les examens oraux sont terminés, les examinateurs des trois séries se réunissent sous la présidence du général commandant le département ou d'un officier supérieur délégué par lui, auquel est adjoint un membre du Conseil général, désigné par ce conseil ou à son défaut par la Commission permanente, et constituent ainsi une commission qui arrête la liste générale des candidats admissibles.

Cette liste indique pour chaque candidat la mention avec laquelle il a été reçu : (*Très-bien, bien, assez bien ou passable.*) Le Préfet public la liste des jeunes gens de son département admis à contracter l'engagement conditionnel d'un an avec la note qu'ils ont obtenue.

Le volontaire d'un an doit satisfaire aux conditions civiles et aux conditions de moralité exigées de tout engagé. L'engagement est ensuite subordonné aux quatre conditions suivantes :

1° Il ne peut être reçu que pour l'armée de terre et suivant les conditions de taille et d'aptitude déterminées au tableau joint au décret du 1er décembre.

2° Il doit toujours être souscrit avant le tirage au sort. La raison en est que pour certains engagés le volontariat d'un an n'est pas un avantage, puisque les jeunes gens qui obtiennent les numéros les plus élevés peuvent ne passer que six mois sous les drapeaux.

3° Le volontaire doit justifier de son aptitude physique par la présentation d'un certificat délivré par le commandant de recrutement ; il doit justifier également qu'il est muni du diplôme de bachelier ou qu'il est porteur d'un des certificats déterminés par l'article 53.

4° Enfin l'engagement doit être précédé du versement à la caisse des dépôts et consignations, d'une prestation déterminée chaque année par le ministre de la guerre et qui représente les dépenses mises à la charge de l'engagé par l'article 55. Ce versement a deux fois déjà été fixé par le ministre, à la somme de 1,500 francs. Si par une raison quelconque le volontaire ne peut être incorporé, la somme versée est remboursée par l'Etat.

Toutes les opérations relatives à l'engagement conditionnel d'un an, constatation de l'aptitude physique, versement de la prestation, engagement, doivent se faire dans le département que le jeune homme a choisi pour contracter son engagement. L'acte doit être passé devant l'officier d'état civil du chef-lieu du département, conformément à l'article 10 du décret du 1er décembre 1872. Lorsque l'acte a été signé par l'engagé, l'engagement est accompli ; mais il n'est réalisé qu'à partir de la mise en route, et l'année ne compte que du jour où le volontaire a été incorporé.

Il importe de noter trois différences importantes entre les engagés sans examen et les engagés après examen.

1° Les premiers sont admis sans limitation de nombre, les autres ne sont admis que jusqu'à concurrence d'un nombre fixé chaque année par le ministre de la guerre. Sa décision détermine pour chaque département les corps dans lesquels les volontaires seront reçus, et le nombre des engagés qui pourront être dirigés sur chaque corps. (1)

2° L'article 55 permet au ministre de la guerre d'exonérer de tout ou partie de la prestation pécuniaire les jeunes gens qui ont donné dans leur examen des preuves de capacité et qui justifient de l'impossibilité où ils sont de subvenir à cette dépense. Cette faveur ne s'applique qu'aux engagés après examen. Les jeunes gens visés par l'article 53, peuvent, du reste, obtenir le même bénéfice en subissant l'examen prescrit par l'article 54.

La demande d'exemption de la prestation doit être adressée au Préfet aussitôt après que le postulant a obtenu le certificat d'admission à l'engagement. Cette demande est accompagnée :

1° D'un certificat délivré par le Maire, constatant la position de famille de l'intéressé ;

2° D'un extrait du rôle des contributions à la charge de sa famille ou à la sienne.

L'exemption ne peut être accordée que si le postulant a été admis à l'examen avec la mention *très-bien* et si l'impossibilité d'acquitter la prestation pécuniaire est établie par une délibération du Conseil municipal saisi d'urgence par le Préfet.

Les exemptions de versement peuvent être réparties

(1) Le nombre des engagés conditionnels s'est élevé pour le premier appel fait en 1873, à 7,519, dont 2,474 engagés sans examen et 5,045 engagés après examen ; et pour le second appel à 8,493, dont 2,057 sans examen et 6,436 après examen.

sur deux, trois ou quatre candidats, *mais il n'est pas accordé plus d'une exemption totale pour cent engagés.* Toutefois les départements qui compteraient de 25 à 49 engagés pourraient obtenir une exemption d'un quart de la prestation ; ceux qui compteraient de 50 à 74 engagés, une exemption de la moitié ; de 75 à 99, des trois quarts ; de 100 à 124 une exemption totale et ainsi de suite.

Le Préfet soumet les demandes à la Commission permanente du Conseil général réunie extraordinairement à cet effet. Après que la Commission a donné son avis, le Préfet prononce au nom du ministre de la guerre. Il fait ensuite connaître aux intéressés la décision qui les concerne.

3° Enfin, les jeunes gens de la première catégorie sont les seuls qui puissent obtenir les sursis d'appel établis par l'article 57.

Cet article autorise les jeunes gens qui ont contracté l'engagement conditionnel dans l'année qui précède l'appel de leur classe et qui n'ont pas terminé leurs études, à réclamer un sursis avant de se rendre au corps. Le projet de la Commission ne permettait de leur accorder ce sursis que jusqu'à l'âge de 23 ans ; mais un éloquent discours de Mgr l'Evêque d'Orléans, décida l'Assemblée à prolonger le délai jusqu'à l'âge de 24 ans accomplis. Ce sursis a cela de commun avec celui des articles 23 et 32 qu'il ne crée aucune exemption, aucune dispense et ne peut être accordé en temps de guerre ; mais il en diffère sous d'autres rapports. Le premier ne peut être accordé que pour deux ans au plus et ne peut être demandé que pour un an à la fois ; celui de l'article 57 peut être demandé le cas échéant pour quatre années à la fois. Le premier est accordé par le Conseil de révision, le second par l'autorité militaire. L'un ne peut être accordé qu'à 4 % des jeunes gens d'un tirage, l'autre peut l'être sans limitation de nombre.

Le décret du 1er décembre 1872 a indiqué les formalités à remplir pour obtenir le sursis. Il doit être demandé au général commandant le département, immédiatement après que l'engagement a été contracté. La demande doit être accompagnée d'un certificat du doyen de la faculté dont l'engagé suit les cours, certificat indiquant que cet engagé a pris des inscriptions, et faisant connaître le temps qui lui est nécessaire pour terminer ses études. Le général accorde ou refuse le sursis. S'il l'accorde, le jeune homme qui l'a obtenu doit au mois de novembre de chaque année justifier qu'il continue ses études, sinon il est mis immédiatement en route. Lorsqu'il a atteint sa 24e année, il doit alors même qu'il n'aurait pas encore achevé ses études accomplir son année de service.

L'engagé volontaire d'un an est incorporé et soumis à toutes les obligations de service imposées aux hommes présents sous les drapeaux ; la loi ne lui accorde qu'une diminution possible dans la durée du service en temps de paix, mais en temps de guerre il est maintenu sous les drapeaux ou y est rappelé et marche en cas de mobilisation avec la première partie de la classe à laquelle il appartient par son engagement.

Le volontaire est astreint à subir des examens prescrits par le ministre de la guerre. Si après un an de service il ne subit pas ces examens d'une manière satisfaisante, il est maintenu au corps une seconde année ; en cas de nouvel échec à la fin de cette seconde année, il est déchu des avantages du volontariat et reste soumis aux obligations imposées aux hommes de la première partie de la classe à laquelle il appartient par son engagement. Il en est de même pour le volontaire qui se rendrait coupable pendant la première ou la seconde année de fautes graves contre la discipline ; mais dans tous les cas, le temps passé dans le volontariat compte en déduction du temps que l'engagé devra encore passer sous les drapeaux.

A la fin de son année de service, le volontaire d'un an est mis en disponibilité et renvoyé dans ses foyers ; il reçoit ou peut recevoir un brevet de sous-officier ou une commission au moins équivalente, et est rangé dans un corps où, à raison de ses aptitudes spéciales, il est susceptible de rendre des services.

Le volontaire d'un an ne dispense pas son frère, à moins qu'il ne soit mort en activité de service ou ait été réformé pour blessures reçues dans un service commandé ou pour infirmités contractées à l'armée. Enfin il est soumis, s'il change de domicile, aux déclarations exigées par les art. 34 et 35.

Sont assimilés aux volontaires d'un an les jeunes gens qui ayant été refusés comme engagés pour cause d'inaptitude au service militaire et n'ayant pu par ce motif contracter dans l'année qui précède le tirage au sort de leur classe l'engagement d'un an, sont ensuite déclarés aptes au service par le Conseil de révision. Ils adressent leur demande d'assimilation au général commandant le département, lequel s'assure des faits et leur délivre un certificat qui leur confère la qualité de jeunes soldats assimilés aux volontaires d'un an, à la condition qu'ils satisferont aux obligations imposées aux engagés par les art. 54 et 55. Ces assimilés sont tenus bien qu'ils comptent leur service du 1er juillet de l'année où ils tirent au sort, de rester sous les drapeaux le temps qu'y passent les engagés conditionnels de l'année. Ils sont renvoyés en même temps qu'eux en disponibilité.

Le volontariat d'un an a été l'objet de violentes attaques. Cette institution, a-t-on dit, n'est qu'une exonération déguisée, c'est un privilége accordé à la fortune et à l'instruction. Qu'était-ce en effet que l'exonération ? C'était la faculté accordée à ceux qui n'avaient pas de goût pour le métier des armes de se libérer du service militaire en versant au Trésor une somme d'argent. Eh bien que se passera-t-il désormais ? Des jeunes gens payeront pour être reçus bacheliers et pour s'équiper pendant un an et moyennant ce double déboursé, ils seront quittes de quatre ans de service.

De semblables allégations sont de tout point inexactes. Dire que le volontariat d'un an n'est qu'une exonération déguisée, c'est oublier que le jeune homme qui contracte cet engagement le contracte sous des conditions spéciales qui en font une véritable récompense accordée au mérite, et qu'il renonce par cet engagement à la chance du tirage au sort, car s'il ne l'avait pas contracté il aurait pu, si le sort lui avait été favorable ne rester que six mois sous les drapeaux.

L'exonération rendait celui qui en profitait, complètement étranger à l'armée, l'exonéré ne payait point de sa personne ; le volontaire d'un an, au contraire, est incorporé, il reçoit l'instruction militaire et au jour du danger prend part à la défense du pays. N'est-ce pas dès lors faire violence au bon sens que de vouloir assimiler deux situations si différentes. Quant à la prestation pécuniaire mise à la charge de l'engagé, elle ne constitue en aucune façon le prix du rachat d'un temps quelconque de service, puisque le volontaire reste pendant tout le temps fixé par la loi, soumis aux obligations qu'elle prescrit, mais elle est destinée à indemniser l'état des frais exceptionnels que lui occasionne l'engagé par le fait même de son admission au volontariat.

Les volontaires d'un an n'entrent point au service en même temps que leur classe ; ils viennent s'ajouter à l'effectif prévu pour l'année qu'ils choisissent, et par suite en augmenter les dépenses d'autant plus que leur entretien est plus coûteux que celui des autres soldats, à cause de l'instruction plus complète qui leur est donnée et des soins spéciaux qu'ils reçoivent à cet effet.

Il ne faudrait point d'ailleurs par un faux amour de l'égalité, faire peser la charge du service de la même manière sur tous les jeunes gens et vouloir les soumettre tous à une règle uniforme. Il est évident, en effet, que celui qui a reçu une éducation complète, s'impose un plus grand sacrifice en restant sous les drapeaux, que le manœuvre qui gagne péniblement sa vie et mange chez lui une nourriture moins saine qu'au régiment, exposé de plus à toutes les chances du chômage et de la maladie. Sur le champ de bataille toutes les vies sont également précieuses, mais, dans la paix, le temps de chacun a une inégale valeur. C'est au point de vue social et au point de vue économique, non au point de vue moral qu'il faut envisager la question pour s'en faire une juste idée. Il n'est pas bon pour le pays que des forces utiles soient stérilisées par le long séjour à l'armée de jeunes gens qui pourraient rendre ailleurs de plus grands services.

Quelques personnes convaincues de l'indispensable nécessité du volontariat d'un an désireraient que la question d'argent n'intervint pas dans cette institution. Sans partager complètement cette manière de voir, nous verrions avec satisfaction le ministre de la guerre user plus largement qu'il ne l'a fait jusqu'ici de la faculté que lui donne l'art. 55 2°. Nous voudrions que l'examen qui précède le volontariat fût extrêmement sérieux et que l'Etat fit sans marchander remise de tout ou de partie de la prestation pécuniaire à ceux qui, après l'avoir subi d'une façon brillante, justifieraient que leur situation de fortune ne leur permet pas de faire une dépense aussi considérable. Cette remise accordée aux jeunes gens laborieux serait un des meilleurs moyens d'élever le niveau des examens.

SECTION III

DES RENGAGEMENTS.

Les art. 51 et 52 de la loi et le titre 3 du décret du 30 novembre 1872 permettent aux militaires de l'armée active dans leur dernière année de service actif et aux militaires de la réserve de contracter devant les officiers de l'intendance militaire des rengagements pour 2, 3, 4 ou 5 ans, dans le corps de leur choix. Les rengagés doivent réunir les conditions suivantes : être aptes au service militaire ; avoir tenu une bonne conduite sous les drapeaux, et de plus, pour ceux de la réserve ; être acceptés par le chef du corps où ils veulent accomplir leur rengagement. L'instruction ministérielle jointe au décret s'explique ainsi relativement à ces prescriptions : « L'aptitude physique ne saurait être présumée par le fait que l'homme est présent au drapeau ; de là, l'obligation de constater de nouveau cette aptitude au moment où il demande à se rengager. Il importe plus que jamais, en présence des dispositions de la loi nouvelle, de ne conserver comme rengagés que des hommes d'une moralité sûre et capables de donner l'exemple des vertus militaires. La responsabilité d'un chef de corps serait gravement compromise par l'acceptation comme rengagé d'un homme dont la conduite aurait laissé à désirer. »

Le rengagement donne droit à une haute   qui varie selon qu'il s'agit de l'infanterie ou des autres corps et s'élève suivant qu'elle est du premier chevron de 2 ou de 3 chevrons.

La durée du rengagement du militaire de l'armée active présent au drapeau ou en disponibilité dans ses foyers, court du jour où cesse le service d'activité auquel est tenu le rengagé, tandis que la durée du rengagement du militaire de la réserve, se confond avec le temps de réserve qu'il avait à accomplir. Les conditions d'âge sont réglées de façon que le soldat ne soit pas maintenu dans le service actif après 29 ans et le sous-officier au-delà de 35 accomplis.

CHAPITRE IV

DU SERVICE MILITAIRE

Après avoir déterminé la situation des jeunes gens de chaque classe, la loi divise en différentes périodes le temps pendant lequel tout Français qui n'est pas déclaré impropre à tout service militaire peut être appelé à faire partie de l'armée. Ces périodes sont fixées de la façon suivante : On appartient à l'armée active pendant cinq ans, à la réserve de l'armée active pendant quatre ans, à l'armée territoriale pendant cinq ans, à la réserve de l'armée territoriale pendant six ans. Mais en disant que tous les jeunes gens qui ne sont pas exemptés pour cause d'infirmités, ou ne sont pas dispensés, font partie pendant cinq ans de l'armée active, le législateur n'entend pas que tous les jeunes soldats doivent rester effectivement pendant cinq années consécutives sous les drapeaux. Tous sont mis à la disposition du ministre de la guerre, tous doivent être immatriculés et envoyés dans les corps, mais après une année de service, on ne maintient plus dans les corps et ce dans l'ordre de leurs numéros de tirage que les hommes dont le chiffre est fixé chaque année par le ministre de la guerre aussitôt après que toutes les opérations du recrutement sont terminées. Quant aux jeunes gens compris dans la catégorie ne devant pas rester sous les drapeaux après une année de service, mais qui ne savent pas lire et écrire et ne satisfont pas aux examens prescrits, ils sont maintenus au corps pendant une seconde année. (1) Ceux au con-

---

(1) Cette disposition de la loi a été l'objet de violentes critiques ; quant à nous, nous la croyons éminemment sage. Le principe de l'instruction obligatoire a été avec raison repoussé à plusieurs reprises par nos assemblées législatives. Il porte en effet atteinte à l'autorité

traire qui, par l'instruction acquise antérieurement à leur entrée au service et par celle reçue sous les drapeaux, remplissent après 6 mois toutes les conditions exigées, peuvent à des époques fixées par le ministre être renvoyés en disponibilité de l'armée active dans leurs foyers.

Cette disponibilité de l'armée active est la situation dans laquelle se trouvent tous les hommes renvoyés après une année de service, et ceux qui, après un temps plus ou moins long passé sous les drapeaux, sont, par mesure d'économie, envoyés en congé renouvelable ; les uns et les autres restent à la disposition du laquelle ministre de la guerre pendant toute la période durant ils doivent appartenir à l'armée active. Ils sont soumisaux revues, aux exercices, qui peuvent être prescrits par un réglement du ministre.

Il n'est pas de question qui ait donné lieu à une discussion plus animée et plus émouvante que celle de la durée du service. Le système que nous venons d'exposer, qui était celui de la Commission, faillit succomber sous les critiques qui lui furent adressées. Pourquoi, disait-on, créer une inégalité si considérable entre les jeunes gens d'une même classe, au lieu de les soumettre tous au même régime ? Ne serait-il pas plus

paternelle ; il peut donner lieu à de nombreux abus et autoriser le mesures les plus vexatoires. L'intervention indirecte de la loi de recrutement a au contraire l'avantage sans contraindre personne de décider un grand nombre de parents à donner à leurs enfants une instruction qui pourra abréger pour eux la durée du service militaire.

simple et plus juste à la fois de réduire à trois ans la durée du service, afin de pouvoir incorporer la classe entière ?

Si le législateur ne l'a pas fait, c'est que des considérations de diverse nature, des considérations financières et des considérations militaires lui ont imposé l'obligation d'adopter un autre système. Tous les ans, 300,000 jeunes gens atteignent leur vingtième année ; mais si de ce nombre on déduit ceux qui sont impropres au service, pour infirmité ou défaut de taille, les dispensés, le contingent de la marine, les pertes par suite de décès ou d'insoumission, il reste 150,000 hommes environ pour le service de l'armée ; or, si ces 150,000 hommes devaient rester dans l'armée pendant trois ans, on aurait trois fois 150,000 hommes, soit 450,000 hommes qui, ajoutés à la partie permanente de l'armée qui ne se recrute pas par la voie des appels, 120,000 hommes, donneraient un total de 570,000 hommes, chiffre beaucoup trop fort pour notre budget.

Du moment que les contingents ne peuvent rester trois années entières sous les drapeaux, sans dépasser nos ressources, il est évident que la durée du service ne peut pas être la même pour tous les soldats. Les uns resteront dans les rangs pendant le temps indispensable pour former une armée solide, les autres n'y passeront que le temps strictement nécessaire pour recevoir une instruction militaire suffisante pour leur permettre d'y rentrer en cas de besoin, d'une façon utile et avantageuse. Il est d'ailleurs de la plus grande importance que l'armée ne'soit pas tout entière à l'état de formation perpétuelle, il est nécessaire qu'une partie, au moins, présente la vigueur et la solidité nécessaires pour pouvoir parer aux premières éventualités sans que le pays soit obligé de recourir, dès le début d'une campagne, à ses dernières ressources.

Sans doute, il sera pénible pour un jeune homme d'être désigné pour un service de cinq ans, quand son camarade, souvent moins intéressant que lui, moins utile à la société, moins nécessaire à sa famille, aura la bonne fortune de s'acquitter par un an ou six mois de service de sa dette envers le pays, mais il ne pourra accuser la loi d'injustice, car il ne verra aucun de ses compagnons échapper, grâce à sa fortune, aux ennuis du service. Il y a égalité complète devant l'urne, et la mauvaise chance qui frappe après le tirage une partie du contingent ne détruit cette égalité qu'en apparence, puisqu'elle s'exerce sans distinction sur tous les appelés et que nul ne peut en atténuer les effets. La loi ne consacre pas moins pour cela le service obligatoire par l'abolissement du remplacement et de l'exonération, et rétablit par un tirage au sort, contre les chances mauvaises duquel on ne peut s'assurer la véritable égalité des charges.

La loi de 1832 faisait partir le service du premier janvier; la loi de 1868 fixait, au contraire, le point de départ au 1er juillet de l'année du tirage au sort. En plaçant ainsi au 1er juillet l'époque de l'entrée du soldat

sous les drapeaux, la loi lui faisait commencer le service à un âge plus rapproché de 21 ans que de 20 ans,
et auquel il avait plus certainement atteint le complet
développement de ses forces physiques ; elle le libé-
rait en outre du service actif, en temps de paix, 5 ans
après, à la fin de juin, c'est-à-dire à une époque utile
aux travaux de l'agriculture, tout en permettant au
gouvernement de le conserver en temps de guerre ; elle
assurait, en outre, au pays la présence de ses cinq
contingents sous les drapeaux au printemps, époque
ordinaire des entrées en campagne. Aussi la loi de
1872 a-t-elle adopté cette seconde règle en l'appliquant aux quatre parties de l'armée. Aux termes de
l'art. 38, chaque année, au 30 juin, en temps de paix,
les militaires qui ont achevé le temps de service prescrit dans l'armée active, ceux qui ont accompli le temps
de service prescrit dans la réserve de l'armée active,
ceux qui ont terminé le temps de service prescrit pour
l'armée territoriale, enfin ceux qui ont terminé le
temps de service pour la réserve de cette armée, reçoivent un certificat constatant :

Pour les premiers, leur envoi dans la première réserve ;

Pour les seconds, leur envoi dans l'armée territoriale ;

Pour les troisièmes, leur envoi dans la deuxième
réserve ;

Et à l'expiration du temps de service dans cette réserve, les hommes reçoivent un congé définitif.

En temps de guerre, ils reçoivent ces certificats immédiatement après l'arrivée au corps des hommes de la classe destinée à remplacer celle à laquelle ils appartiennent.

Aux termes du décret du 16 juin 1808, les militaires en activité de service ne peuvent se marier sans autorisation. L'art. 44 de la loi nouvelle abroge cette disposition en ce qui concerne les hommes en disponibilité qui, une fois de retour dans leurs foyers, recouvrent le droit de se marier sans autorisation, mais restent, qu'ils soient mariés ou non, à la disposition du ministre et sont soumis à des revues et exercices.

Si le mariage est interdit aux militaires de l'armée active, il ne l'est pas aux jeunes gens qui n'ont pas encore atteint l'âge de l'appel. Jusqu'ici la loi avait été loin d'encourager ces unions prématurées, attendu que trop souvent la sollicitude du foyer domestique exerce une fâcheuse influence sur la résolution et l'ardeur du soldat marié.

Le législateur de 1872 (art. 44), entrant dans un nouvel ordre d'idées, accorde au père de quatre enfants vivants remise entière de tout service ultérieur, tant dans l'armée active que dans sa réserve, et dispose que le jeune homme qui justifiera de cette quadruple paterternité passera de droit dans l'armée territoriale. Or ce bénéfice ne pourra, de fait, être revendiqué par les hommes appartenant à l'armée active qu'autant qu'ils auraient contracté mariage avant leur incorporation.

La réserve de l'armée active se compose des

hommes qui viennent d'accomplir le temps de service exigé dans l'armée active et qui demeurent aptes à en faire partie. La réserve, comme son nom l'indique, est destinée à compléter, en temps de guerre, les effectifs de l'armée active, à s'y encadrer. Hors ce cas, la partie de l'armée active, envoyée en disponibilité, suffirait à tous les besoins, et remplace aujourd'hui l'ancienne réserve qui se composait des jeunes soldats de la deuxième portion du contingent laissés dans leurs foyers et des militaires en congé. Aussi faut-il se garder des erreurs auxquelles pourrait entraîner l'homonymie dans l'appréciation de la situation faite par la loi nouvelle aux hommes de la réserve.

La majeure partie de la réserve est composée des hommes de 25 ou 26 à 29 ou 30 ans, c'est-à-dire des appelés qui seront entrés dans l'armée active à 20 et 21 ans. Les engagés volontaires qui seront entrés plus tôt dans l'armée active, entreront également plus tôt dans la réserve, et en sortiront à un âge moins avancé. Ainsi, ceux qui se seront engagés à 18 ans, entreront à 23 ans dans la réserve, pour en sortir à 27. Ceux qui seraient entrés, en cette qualité, dans l'armée de mer à 16 ans, seraient, s'ils n'appartiennent pas à l'inscription maritime, libérés à 23 ans de toute obligation dans l'armée active et sa réserve.

Les hommes de la réserve, tant que l'intérêt de la défense du pays permet de les laisser dans leurs foyers, sont assujettis durant la période qu'ils passent dans cette position à deux manœuvres. La durée de chacune ne peut dépasser quatre semaines. Ils peuvent se marier sans autorisation, mais sans que cette circonstance puisse avoir aucune influence sur l'exécution de leurs obligations militaires. Du jour où ils deviendraient pères de quatre enfants vivants, ils passeraient de droit dans l'armée territoriale.

D'après l'art. 33, § 2, les militaires de la réserve continueront à figurer sur le registre matricule et à être tenus des obligations qui résultent de ce fait, notamment aux déclarations de changement de résidence, sous les peines portées par l'art. 59.

Lorsque l'Assemblée nationale discuta l'art. 36, quelques orateurs exprimèrent la crainte de voir reparaître la garde nationale sous le nom d'rmée territoriale. Ces craintes sont exagérées ; néanmoins nous croyons qu'il eût été préférable de s'en tenir au mot de réserve (premier, second, troisième ban de la réserve), au lieu d'adopter le nom d'armée territoriale ; les mots ont souvent autant d'influence que les choses, et cette influence est presque toujours mauvaise. Quoiqu'il en soit, le législateur de 1872 fait de l'armée territoriale une armée spéciale ayant sa classification numérique propre, ses corps spéciaux et son organisation indépendante de l'armée active. Son emploi n'est pas le même non plus, tandis que l'armée active est destinée à la guerre de campagne, l'armée territoriale est chargée de la garde et de la défense des points fixes du territoire, forteresses, points stratégiques, côtes, postes, lignes d'étapes. Ce n'est qu'exceptionnellement que l'armée territoriale détachera des corps de troupes pour faire partie de l'armée active.

Si l'armée territoriale forme une armée distincte, toutefois, elle n'est pas permanente ; elle n'a en temps de paix que le personnel nécessaire à l'administration, à la tenue des contrôles et à la comptabilité ; les cadres seuls sont organisés d'avance et d'une façon permanente. La réserve de l'armée territoriale, au contraire, n'est pas organisée en corps, ce n'est qu'une réserve de recrutement qui est appelée par classe en cas de besoin pour combler les vides de l'armée territoriale, ou pour en renforcer les corps.

CHAPITRE V

DE L'ARMÉE DE MER.

L'armée de mer se recrute parmi les marins portés sur les matricules de l'inscription maritime et par les modes de recrutement ordinaires, c'est-à-dire par les engagements volontaires et par les portions de chaque classe affectées à l'armée de mer.

L'inscription maritime est l'inscription de tous les marins du littoral sur des rôles spéciaux pour être appelés éventuellement au service de la marine militaire. Cette institution repose sur ce principe que tous ceux

qui exercent des professions maritimes doivent leurs
services à la marine de l'Etat si elle les réclame.
D'après l'art. 2 de la loi du 3 brumaire an IV qui régit
encore cette matière, sont soumis à l'inscription maritime :

1° Les marins de tout grade et de toute profession
naviguant dans l'armée navale ou sur les bâtiments de
commerce ;

2° Ceux qui font la navigation de la pêche de mer
sur les côtes ou dans les rivières jusqu'où remonte la
marée, et pour celles où il n'y a pas de marée, jusqu'à
l'endroit où les bâtiments de mer peuvent remonter ;

3° Ceux qui naviguent sur les pataches, allèges,
bateaux et chaloupes, dans les rades et dans les rivières
jusqu'aux limites ci-dessus indiquées.

Tout marin âgé de 18 ans est sur sa demande compris dans l'inscription maritime s'il remplit une des
conditions suivantes :

1° Avoir fait deux voyages de long cours ;

2° Ou avoir fait la navigation pendant 18 mois ;

3° Ou avoir fait la petite pêche pendant 2 ans ;

4° Ou avoir servi pendant 2 ans en qualité d'apprenti
marin.

A cet effet, il se présentera au bureau de l'inscription
maritime de son quartier accompagné de son père ou
de ses plus proches parents ou voisins, et il lui sera
donné connaissance des lois et règlements qui déterminent les obligations des marins inscrits.

Ceux qui ne se présenteraient pas spontanément, seraient d'office compris dans l'inscription.

Mais puisqu'ils sont inscrits d'office, quelle utilité y a-t-il à leur prescrire de se présenter volontairement et quel intérêt peuvent trouver les marins eux-mêmes à aller au devant d'une obligation qui doit infailliblement les atteindre ? Le service à la mer n'est pas une charge inévitable, on peut s'y soustraire en renonçant à la pêche ou à la navigation. L'inscription maritime créant des obligations rigoureuses, le législateur a recommandé à ceux qui remplissent les conditions exigées de se présenter au bureau du commissariat, parce que là il leur sera donné connaissance des lois et réglements de manière qu'ils puissent choisir en connaissance de cause. Au contraire, lorsqu'ils sont inscrits d'office, les marins sont atteints par des obligations dont ils pourraient ne pas se rendre un compte exact. Les matelots qui se présentent volontairement jouissent d'ailleurs, de certains avantages énumérés dans les art. 11 et 12 de la loi du 3 brumaire an IV.

Les marins sont portés sur les registres de l'inscription de 18 à 50 ans. Ils sont divisés en quatre catégories qui ne doivent dans chaque quartier être appelées que d'après l'ordre suivant : 1° Les célibataires ; 2° les veufs sans enfants ; 3° les hommes mariés sans enfants ; 4° les pères de famille.

Avant 1835, la levée des gens de mer soumis à l'inscription n'atteignait que les marins présents aux foyers ou ceux qui se livraient au cabotage et à la

pêche. Cet état de choses constituait un véritable privilége en faveur des navigateurs au long cours. Une
circulaire du 9 avril 1835 annonça que désormais la
levée serait permanente et comprendrait d'abord tous
les jeunes matelots de 20 à 40 ans qui n'avaient pas
encore servi sur les navires de l'État, puis ceux qui
avaient servi moins de deux ou trois ans. Depuis cette
époque, la levée permanente n'a pas cessé d'être en
vigueur.

C'est une dure obligation que celle dont nous venons
d'exposer les conditions, et il ne faut pas s'étonner
qu'en présence de si rigoureux devoirs, en présence
aussi des législations étrangères qui ont repoussé de
semblables dispositions, l'inscription maritime ait été
souvent attaquée. Cependant il faut reconnaître que si
la rigueur du régime est incontestable, les obligations
imposées aux marins inscrits ne sont pas sans compen-
sations. Ils sont dispensés du service militaire ; quand
ils ne sont pas pris dans le service de la flotte, ils ont le
droit de s'embarquer à bord de bâtiments de commerce
et le temps qu'ils y passent leur est compté pour la
retraite à raison de six mois pour un an. Après un certain temps de navigation, ils ont droit aux prises maritimes ; enfin les enfants des marins en activité de service sur les bâtiments ou dans les ports de l'État,
reçoivent un secours mensuel jusqu'à l'âge de 10 ans.
En somme, le service de l'inscription maritime n'est
pas plus rigoureux que le service militaire, et on le de-

mande d'ailleurs à des populations habituées aux dangers de la mer et qui ont le goût de cette profession.

La loi a prévu le cas où un individu placé dans l'inscription maritime voudrait renoncer à ses bénéfices comme à ses charges. Il doit alors en adresser la déclaration à l'autorité maritime, et après un an et un jour d'abstention de naviguer, il est définitivement déclassé. Il est de droit immédiatement réinscrit s'il vient à naviguer de nouveau.

L'armée de mer se recrute subsidiairement par des engagements volontaires qui peuvent être contractés dès l'âge de 16 ans, puis au moyen des jeunes gens qui, au jour de la révision, demandent à y entrer, et enfin, en cas d'insuffisance, parmi les recrues destinées à l'armée de terre qui ont obtenu les plus bas numéros au tirage au sort. La portion de la classe qui doit être affectée à l'armée de mer est déterminée chaque année par un accord entre le ministre de la guerre et celui de la marine, elle est ensuite répartie par ce dernier entre les différents corps des troupes de la marine. Jusqu'en 1830, la marine emprunta au ministère de la guerre des troupes d'artillerie et d'infanterie pour faire le service des colonies. Cet emprunt a été rendu inutile par la création de l'artillerie et de l'infanterie de marine, qui sont organisées comme les troupes semblables de l'armée de terre, mais placées sous les ordres du ministre de la marine. Le service actif dans ces troupes est de cinq ans et de deux ans dans la réserve ; les soldats passent ensuite dans l'armée territoriale.

La loi permet d'ailleurs aux jeunes gens désignés pour faire partie de l'armée de mer et qui éprouvent du dégoût pour ce service de permuter avec ceux de la même classe affectés à l'armée de terre. A cet effet, ils doivent adresser une demande au ministre de la guerre. Seulement comme les demandes formées pour passer de l'armée de terre dans l'armée de mer sont beaucoup moins nombreuses que celles formées pour passer de l'armée de mer dans l'armée de terre, on a recours à un tirage au sort pour désigner les hommes affectés au service de la marine auxquels la faculté de permuter sera accordée. (Décret du 18 juin 1873).

CHAPITRE VI

DISPOSITIONS PÉNALES.

La loi a édicté diverses pénalités pour les fraudes qui peuvent se commettre en matière de recrutement militaire. Ces pénalités sont à peu près les mêmes que celles portées par les lois anciennes. Cependant comme le législateur attache une importance toute particulière à l'établissement du registre matricule qui seul peut permettre de suivre dans leurs différentes situations les hommes appartenant à l'armée active et à la réserve, il n'a pas voulu que l'obligation imposée à tout individu inscrit sur ce registre de faire les déclarations de changement de domicile fût dépourvue de sanction. En conséquence tout individu qui a omis de faire les déclarations prescrites par les art. 34 et 35 de la loi, est déféré aux tribunaux correctionnels et puni d'une amende de 10 francs à 200 francs ; il peut en outre être condamné à un emprisonnement de 15 jours à 3 mois. En temps de guerre la peine est double.

Une nouvelle peine a également été introduite pour les insoumis. En temps de guerre, le nom de tout insoumis sera affiché et cela pendant toute la durée de la guerre, dans toutes les communes du canton de son domicile.

Les pénalités que le législateur de 1872 a empruntées aux lois antérieures sont relatives à l'omission frauduleuse sur les tableaux de recensement, à l'insoumission, au recel d'insoumis, à la mutilation qui a pour but de rendre impropre au service, à l'abus d'autorité qui consiste à admettre des exemptions ou des dispenses non autorisées par la loi ou à rendre plus rigoureuses les obligations qu'elle impose, à l'acceptation de la part des médecins de dons et de promesses pour qu'ils prononcent en faveur de la réforme des jeunes gens.

1° Aux termes de l'art. 60, toutes fraudes ou manœuvres par suite desquelles un jeune homme aura été omis sur les tableaux de recensement ou sur les listes du tirage seront déférées aux tribunaux ordinaires et punies d'un emprisonnement d'un mois à un an.

On s'était demandé autrefois si le seul défaut de déclaration de la part d'un jeune homme, pour se faire inscrire au tableau de recensement, pouvait le rendre passible des peines portées par la loi. La jurisprudence s'était prononcée pour la négative, c'est à cette opinion que s'est rangée l'Assemblée nationale. Elle a en effet refusé de voter un amendement tendant à punir cette omission volontaire des peines édictées par l'art. 60.

Sont encore déférés aux tribunaux et punis de la peine portée par l'art. 60 :

1° Les jeunes gens appelés qui par suite d'un concert frauduleux se sont abstenus de comparaître devant le Conseil de révision ;

2 Les jeunes gens qui, à l'aide de fraudes ou manœuvres, se sont fait exempter ou dispenser par un Conseil de révision, sans préjudice des peines plus graves portées en cas de faux. Les auteurs ou complices seront punis des mêmes peines. Ainsi le jeune homme qui, pour se faire dispenser comme ayant un frère aîné sous les drapeaux, produirait un état inexact de la famille certifié par trois pères de famille et approuvé par le maire, et dissimulerait l'existence d'un second frère précédemment dispensé par le même motif, commettrait non-seulement une fraude en matière de recrutement, mais un faux en écriture authentique.

Les jeunes gens omis qui auront été condamnés

comme auteurs ou complices de fraudes ou manœuvres seront inscrits en tête de la liste du premier tirage qui aura lieu après l'expiration de leur peine. Les jeunes gens indûment exemptés ou dispensés seront également rétablis en tête de la première partie de la classe appelée après qu'il a été reconnu que l'exemption ou la dispense avait été indûment accordée. Cette disposition de la loi constitue un nouveau châtiment, puisqu'elle a pour effet de faire comprendre ces individus dans le contingent affecté à l'armée de mer.

2° Tout homme inscrit sur le registre matricule au domicile duquel un ordre de route a été régulièrement notifié, et qui n'est pas arrivé à sa destination au jour fixé par cet ordre, est, après un délai d'un mois, et hors le cas de force majeure, puni comme insoumis, d'un emprisonnement d'un mois à un an en temps de paix, et de deux ans à cinq ans en temps de guerre. Dans ce dernier cas, à l'expiration de sa peine, il est envoyé dans une compagnie de discipline.

Ces dispositions sont applicables à tout engagé volontaire qui, sans motifs légitimes, n'est pas arrivé à sa destination dans le délai fixé par sa feuille de route.

En cas d'absence du domicile, et lorsque le lieu de la résidence est inconnu, l'ordre de route est notifié au maire de la commune dans laquelle l'appelé a concouru au tirage.

A l'égard des appelés, le délai d'un mois sera porté :

1° A deux mois, s'ils demeurent en Algérie, dans les îles voisines des contrées limitrophes de la France ou en Europe ;

2° A six mois, s'ils demeurent dans tout autre pays. L'insoumis est jugé par le Conseil de guerre de la division militaire dans laquelle il est arrêté.

Le temps pendant lequel l'engagé volontaire ou l'homme inscrit sur le registre matricule aura été insoumis, ne compte pas dans les années de service exigées. (Art. 61.) Il en est de même du temps qu'il passe en prison ;

3° Quiconque est reconnu coupable d'avoir recélé ou d'avoir pris à son service un insoumis, est puni d'un emprisonnement qui ne peut excéder six mois. Selon les circonstances, la peine peut être réduite à une amende de 20 à 200 francs. — Quiconque est convaincu d'avoir favorisé l'évasion d'un insoumis, est puni d'un emprisonnement d'un mois à un an. La même peine est prononcée contre ceux qui, par des manœuvres coupables, ont empêché ou retardé le départ des jeunes soldats. Si le délit a été commis à l'aide d'un attroupement, la peine sera double.

Si le délinquant est fonctionnaire public, employé du Gouvernement ou ministre d'un culte salarié par l'Etat, la peine peut être portée jusqu'à deux années d'emprisonnement, et il est en outre condamné à une amende qui ne pourra excéder deux mille francs. (Art. 62.)

La sincérité des opérations de la révision est garantie par les pénalités édictés par les art. 63 et suivants.

4° Tout homme qui sera prévenu de s'être rendu impropre au service militaire, soit temporairement soit d'une manière permanente, sera déféré aux tribunaux soit sur la demande du Conseil de révision, soit d'office par le Procureur de la république, et, s'il est reconnu coupable , il sera puni d'un emprisonnement d'un mois à un an.

Seraient également déférés aux tribunaux et punis de la même peine, les jeunes gens qui dans l'intervalle de la clôture de la liste cantonale à leur mise en activité, se seraient rendus coupables du même délit.

A l'expiration de leur peine, dont la durée ne compte pas, les uns et les autres sont mis à la disposition du ministre de la guerre pour tout le temps du service militaire qu'ils doivent à l'État, et peuvent être envoyés dans une compagnie de discipline.

La peine portée par la loi est prononcée contre les complices. — Si les complices sont des médecins, chirurgiens, officiers de santé ou pharmaciens, la durée de l'emprisonnement sera de deux mois à deux ans, indépendamment d'une amende de deux cents francs à mille francs, qui peut aussi être prononcée, et sans préjudice de peines plus graves dans les cas prévus par le code pénal. Ces derniers mots se réfèrent au cas où la mutilation entraînerait une incapacité de travail de plus de vingt jours, et où, par conséquent, le délit deviendrait crime.

5° Tout fonctionnaire ou officier public, civil ou

militaire, qui, sous quelque prétexte que ce soit, aura autorisé ou admis des exemptions, dispenses ou exclusions autres que celles déterminées par la loi ou qui aura donné arbitrairement une extension quelconque, soit à la durée, soit aux règles et conditions des appels des engagements ou des rengagements, sera coupable d'abus d'autorité, et puni des peines portées dans l'art. 185 du Code Pénal, c'est-à-dire d'une amende de 200 à 500 francs, plus l'interdiction des fonctions publiques de 5 à 20 ans, sans préjudice des peines plus graves prononcées par ce Code dans les autres cas qu'il a prévus. (art. 65).

6° Les médecins, chirurgiens ou officiers de santé qui appelés au Conseil de révision à l'effet de donner leur avis, conformément aux art. 16, 18, 28, ont reçu des dons ou agréé des promesses pour être favorables aux jeunes gens qu'ils doivent examiner, sont punis d'un emprisonnement de deux mois à deux ans. Cette peine leur est appliquée, soit qu'au moment des dons ou promesses, ils aient déjà été désignés pour assister au Conseil, soit que les dons ou promesses aient été agréés dans la prévoyance des fonctions qu'ils auraient à y remplir. — Il leur est défendu, sous la même peine, de rien recevoir, même pour une exemption ou réforme justement prononcée. (art. 66). Il importe que les jeunes conscrits soient convaincus de la parfaite honnêteté de ceux qui les examinent pour qu'ils acceptent sans murmurer le résultat d'un examen d'où dépend leur avenir.

Les peines prononcées par les art. 60, 62 et 63 sont applicables aux tentatives des délits prévus par ces articles. — Dans le cas prévu par l'art. 66, ceux qui ont fait des dons et promesses sont punis des peines portées par ledit article contre les médecins, chirurgiens ou officiers de santé.

CHAPITRE VII

DISPOSITIONS SPÉCIALES.

Le législateur a réuni sous ce titre certaines prescriptions destinées à élever le niveau intellectuel et moral de l'armée.

L'art. 69 veut que les jeunes soldats, outre l'instruction nécessaire à leur service, reçoivent dans leurs corps et suivant leurs grades, l'instruction prescrite par un réglement du ministre de la guerre.

L'art. 70 impose aux ministres de la guerre et de la marine l'obligation d'assurer aux militaires de toutes armes le temps et la liberté nécessaires à l'accomplissement de leurs devoirs religieux, les dimanches et autres jours de fête consacrés par leurs cultes respectifs. Cet article a été voté sur la proposition de Mgr l'évêque d'Orléans, il a depuis longtemps déjà reçu son exécution par le décret du 10 août 1872.

C'est là une victoire de la liberté religieuse sur l'intolérance révolutionnaire et le mauvais vouloir trop souvent constaté de quelques chefs de corps, à laquelle on ne saurait trop vivement applaudir. Le service obligatoire fait courir trop de dangers aux croyances religieuses et à la moralité pour qu'on ne cherche pas à l'entourer de toutes les garanties de nature à tranquilliser les familles.

Toutefois, en applaudissant à la pensée qui a dicté l'article 70, nous devons reconnaître que cette disposition aurait été impuissante à combattre d'une façon efficace la négligence morale de certaines de nos casernes. L'Assemblée nationale l'a compris. Elle s'est dit que si les jeunes soldats devaient perdre pendant leur séjour à l'armée leurs sentiments religieux, la loi militaire, que les événements nous ont imposée, deviendrait bientôt la loi la plus funeste, la cause la plus active de la démoralisation du pays, et pour parer à ce danger elle a voté dans sa séance du 20 mai la loi sur l'aumônerie militaire, dont le projet lui avait été soumis par deux députés bretons, MM. Fresneau et Carron. (1).

(1) Voici le texte de cette loi :

Art. 1. — Les rassemblements de troupes sont pourvus, pour le service religieux, de tout ce qu'exige l'exercice des cultes reconnus par l'État.

Art. 2. — Les ministres des différents cultes, attachés temporairement au service religieux de l'armée, prennent le titre d'aumôniers militaires.

Les aumôniers n'ont ni grade ni rang dans la hiérarchie militaire. En temps de paix, ils ne sont pas attachés aux corps de troupe, mais

En vertu de l'article 71, tout homme ayant passé 12 ans sous les drapeaux, dont 4 au moins avec le grade de sous-officier, recevra des chefs de corps un certificat au moyen duquel il pourra obtenir au fur et à mesure des vacances, un emploi civil ou militaire en rapport avec ses aptitudes et son instruction. On ne

aux garnisons, camps, forts, où résident les différents corps de troupes.

Les aumôniers sont placés, comme le clergé paroissial, sous l'autorité spirituelle et la juridiction ecclésiastique, soit des évêques diocésains, soit des consistoires. Ils sont présentés par eux et par l'intermédiaire du ministre des cultes à la nomination du ministre de la guerre.

Art. 3. — Les aumôniers sont titulaires ou auxiliaires.

Les aumôniers titulaires sont exclusivement affectés au service religieux de l'armée.

Art. 4. — Il est attaché :

A tout rassemblement de troupes de deux mille hommes au moins, un aumônier titulaire ;

Au rassemblement supérieur à deux mille hommes, des aumôniers titulaires ou auxiliaires en nombre suffisant pour assurer le service ;

Au rassemblement inférieur à deux mille hommes, mais supérieur à deux cents, un aumônier auxiliaire ;

Au rassemblement contenant plus de deux cents protestants ou plus de deux cents israélites, un aumônier de leur culte, auxiliaire ou titulaire, selon les besoins du service ;

Dans les garnisons où se trouve un régiment complet, lors même que son effectif est inférieur à deux mille hommes, ainsi que dans les écoles spéciales dont les élèves ne sont pas libres le dimanche, dans les prisons, ateliers de condamnés, pénitenciers militaires, le service religieux est confié à des aumôniers titulaires ou auxiliaires, selon les besoins du service ;

Le service des hôpitaux conserve son organisation actuelle.

Art. 5. — Les dimanches et fêtes conservées par le Concordat, un office spécial est fait par les aumôniers titulaires et auxiliaires pour les troupes de la garnison.

saurait trop approuver cette mesure qui aura pour effet
non-seulement d'assurer à l'armée d'excellents sous-
officiers en retenant sous les drapeaux par l'appât
d'un avenir honorable un certain nombre de bons militaires, mais encore de fournir à la plupart des administrations un large et utile contingent d'hommes accou-

Ces jours-là le travail est supprimé dans les ateliers et établissements
militaires, conformément à la loi existante.

Dans les quartiers, casernes, camps et forts, les heures du service
militaire sont réglées de manière que les militaires de tout grade aient
la faculté de remplir librement leurs devoirs religieux.

Art. 6. — Lorsque les troupes sont mobilisées, les aumôniers titulaires restent attachés aux corps d'armées près desquels ils étaient
employés avant la mobilisation.

Les évêques diocésains peuvent leur adjoindre un certain nombre
d'aumôniers sur les demandes des ministres des cultes et de la guerre.

Une commission mixte, nommée par les synodes de l'Église réformée
et de l'Église de la confession d'Augsbourg, sera chargée de présenter
à la nomination du ministre et pour la durée de la guerre le nombre
d'aumôniers nécessaire pour assurer le service de leur culte.

Le consistoire central israélite sera également chargé en temps de
guerre de s'entendre avec le ministre de la guerre pour assurer le
service religieux des militaires de ce culte.

Le ministre de la guerre s'entendra avec le ministre des cultes pour
la nomination à titre temporaire et seulement pour la durée de la
guerre d'un aumônier en chef par armée et d'un aumônier supérieur
par corps d'armée.

Les aumôniers supérieurs seront nécessairement choisis parmi les
aumôniers titulaires de chaque armée. Les uns et les autres seront
nommés par le ministre de la guerre sur la proposition des évêques
diocésains.

Les aumôniers mobilisés sont remplacés dans le service des garnisons par des aumôniers temporaires qui reçoivent les indemnités et
les frais de culte attribués aux aumôniers auxiliaires et qui cessent
leurs fonctions au retour de ceux qu'ils suppléent.

Art. 7. — Un décret règle le traitement et les diverses allocations

tumés à l'accomplissement du devoir et au culte de l'ordre et de la règle. Nous ne devons pas douter non plus que les anciens sous-officiers en rentrant dans la vie civile, ne contribuent puissamment à répandre dans les diverses classes de la nation, les sentiments de patriotisme qui auront été développés chez eux par leur long séjour sous les drapeaux (1).

Enfin l'article 73 impose au ministre de la guerre l'obligation de rendre compte chaque année à l'Assemblée de l'exécution de la loi pendant l'année précédente, afin d'y apporter les améliorations que l'expérience pourrait réclamer (2).

attribuées sur le pied paix et sur le pied de guerre aux aumôniers militaires ainsi que les frais de culte qui doivent leur être alloués.

Art. 8. — Un crédit supplémentaire sera demandé par le ministre de la guerre pour l'exécution de la présente loi qui devra être mise en vigueur dans les 3 mois qui suivront sa promulgation.

Art. 9. — Sont et demeurent abrogés les lois, décrets ou ordonnances contraires à la présente loi.

(1) La loi du 24 juillet 1873 a déterminé les conditions auxquelles est subordonnée l'obtention des divers emplois par les anciens sous-officiers.

(2) Pour obéir à la prescription de l'article 73, le ministre de la guerre a présenté à l'Assemblée nationale dans sa séance du 21 mars dernier un compte rendu de l'exécution pendant l'année 1873 de la loi du 27 juillet. Ce document est un exposé pur et simple des mesures prises par l'administration de la guerre pour assurer l'exécution de la loi de recrutement qui ne s'explique point sur les résultat obtenus et ne signale aucun des avantages, aucune des imperfections que la pratique a dû faire découvrir dans nos institutions nouvelles. Ce silence tient sans doute à ce que le ministre n'avait pu réunir encore des renseignements complets sur le résultat des examens que venaient de subir les volontaires d'un an du premier appel. Il y a lieu d'espérer qu'à l'avenir le compte rendu annuel contiendra des renseignements qu'il importe à l'Assemblée de connaître exactement.

La loi nouvelle n'a reçu son application en ce qui concerne l'armée active, qu'à partir du 1er janvier 1873. Toutefois la totalité de la classe appelée en 1872 a été mise à la disposition du ministre de la guerre, et les jeunes gens qui n'ont point été compris dans la portion déterminée par le ministre et immatriculée dans les divers corps, ont été placés dans la réserve de l'armée active, au lieu d'être versés dans la garde mobile conformément à la loi de 1868.

Quant à ceux qui ont terminé le temps de service exigé par les lois, sous l'empire desquelles ils ont été appelés, ainsi que les hommes de leur classe, ils seront inscrits sur les contrôles de la réserve de l'armée active jusqu'à l'âge de 29 ans accomplis et, après cet âge, dans l'armée territoriale conformément aux prescriptions de la loi.

CHAPITRE VIII

DE LA LOI DU 24 JUILLET 1873 SUR L'ORGANISATION GÉNÉRALE DE L'ARMÉE

L'Assemblée nationale après avoir par la loi de recrutement levé une force qui peut mettre au service du pays le chiffre formidable de 2,000,000 d'hommes, devait pour se conformer au programme qu'elle s'était elle-même tracée, pourvoir à l'organisation de cette force. C'est ce qu'elle a fait par la loi du 24 juillet 1873.

Cette loi a pour objet comme son titre l'indique, de fixer *législativement* afin de leur donner une stabilité nécessaire à la sûreté du pays, les principes de l'organisation générale de l'armée.

Elle pose comme base fondamentale de notre nouvelle organisation militaire, la constitution de 18 corps d'armée permanents, répondant chacun à une région, y vivant et s'y administrant. Chaque corps d'armée forme un tout parfait, pourvu de ses organes, de telle sorte qu'il n'a rien à emprunter à personne le jour où il reçoit l'ordre de mobilisation et n'a plus qu'à se porter en avant. Quant à sa force, elle est réglée d'une façon uniforme à deux divisions d'infanterie, une brigade de cavalerie, une d'artillerie, un bataillon du génie, un escadron du train des équipages, plus les états-majors et services administratifs. Les travaux préparatoires de la loi évaluent l'effectif de chaque corps d'armée constitué sur ces bases à 40,000 hommes sur lesquels on ne compte pas plus de 35,000 combattants.

La difficulté la plus grande que le législateur de 1873 avait à résoudre était celle de la répartition et de l'incorporation des contingents dans les divers corps d'armée. Cette opération constitue le premier acte du fonctionnement de toute organisation militaire. Entre deux systèmes opposés, l'un appelé national, l'autre régional, le législateur s'est prononcé pour un système mixte, appliquant à l'armée active le recrutement national, à la disponibilité et a la réserve de l'armée active comme à l'armée territoriale et à sa réserve le recrutement régional. Ainsi tous les jeunes gens d'une classe sans distinction d'origine sont répartis indistinctement sur tous les points du territoire, dans tous les corps de l'armée active, en évitant d'incorporer deux années de suite dans un même corps des recrues provenant d'un même département. Les hommes qui font au contraire partie de la disponibilité et de la réserve, considérés comme troupes de remplacement et de dépôt, appelés à être versés dans les corps de l'armée de combat, sont tous incorporés dans ceux des corps de l'armée active qui tiennent garnison dans la région militaire où ils sont eux-mêmes domiciliés. Ils n'ont plus comme autrefois à courir d'un bout de la France à l'autre pour se rendre de leur domicile au dépôt de leur régiment, puis de là à leurs corps. De cette façon, l'incorporation suit immédiatement l'ordre de rappel lancé par le ministre.

Le jour même, le commandement, s'il a été prévoyant et s'il est habile, doit être en mesure de faire mouvoir ses divisions et ses brigades au complet. Une seule chose pourrait l'arrêter : le manque d'approvisionnements ou de matériel. Or la loi y a pourvu en établissant des magasins régionaux d'habillements, vivres, munitions, armes, projectiles, etc. Le commandement puisera donc dans les magasins qu'il aura toujours sous la main pour armer, habiller, équiper ses recrues, assurer ses besoins en rechanges, former son convoi, parer en un mot, à tout ce qu'exige une armée en marche.

La loi du 24 juillet supprime les divisions et subdivisions territoriales qui existaient antérieurement ; dans l'intérêt de l'unité du commandement, ainsi que dans un but d'instruction des chefs d'armée, de simplicité et de rapidité, elle confère au commandant de chaque corps d'armée, l'intégralité de l'autorité sur toutes les troupes et sur tous les services de la région ; il n'y a pas d'autre autorité territoriale que la sienne. Ainsi les responsabilités ne seront pas divisées et la préparation à la guerre sera mieux assurée.

Indépendamment des dispositions que nous venons d'étudier, la loi contient quatre prescriptions dignes d'être remarquées comme intéressant certaines branches des services publics ou les intérêts privés. Ce sont :

1° L'obligation imposée à l'administration des lignes télégraphiques d'assurer le service de la télégraphie militaire.

2° L'obligation imposée aux compagnies de chemins de fer de mettre tous leurs moyens de transport à la disposition du ministre de la guerre en cas de mobilisation ou de guerre et l'organisation d'un service de marche ou d'étapes sur les lignes de chemins de fer.

3° La consécration et la réglementation du droit de réquisition, sauf juste indemnité, des chevaux, mulets et voitures, recensés en exécution de l'art. 5 de la loi.

4° L'établissement d'une véritable servitude légale d'utilité publique, moyennant paiement des indemnités dues aux propriétaires, par l'assujettissement de la propriété privée à l'obligation de subir les marches, manœuvres et opérations d'ensemble, de brigades, de divisions, de corps d'armée qui doivent terminer chaque année l'instruction des troupes.

CONCLUSION

Lorsqu'il fut pour la première fois question de réorganiser notre armée et d'introduire chez nous le service obligatoire, il n'y eut qu'une voix dans la presse européenne pour nous blâmer de cette tentative et pour nous prédire qu'elle échouerait. Les Français ont tort, disait notamment la *Gazette de la Croix*, de s'imaginer qu'ils n'ont qu'à nous emprunter nos institutions et à copier servilement notre organisation, pour être désormais assurés de nous battre. Notre système militaire est approprié à notre régime politique et social ; il ne convient nullement ni aux habitudes ni aux mœurs, ni au tempérament des Français ; il ne sera jamais chez eux, qu'une création artificielle, « une sorte de plante exotique qui, si elle n'y périt pas bientôt, du moins n'y portera pas de fruits. »

« Laissons faire nos voisins, ajoutait dédaigneusement la *Gazette de l'Allemagne du Nord,* soigneusement, si scrupuleusement qu'ils nous imitent, notre organisation aura toujours sur la leur la supériorité de l'original sur la copie. »

Lorsque notre loi fut votée dans son ensemble, et qu'on s'aperçut que nous n'avions imité le système allemand qu'avec une certaine indépendance, le langage des journaux d'Outre-Rhin changea complètement. Ils nous reprochèrent de n'avoir pas été des copistes plus fidèles et relevèrent comme autant d'imperfections, toutes les différences que nos législateurs ont cru devoir mettre en notre régime militaire et celui de nos vainqueurs.

« Il y aura à l'avenir, dans chaque régiment français, faisait observer à propos des art. 54 et 55 la *Gazette de l'Allemagne du Nord*, trois espèces de soldats, ceux qui auront servi cinq ans, ceux qui auront servi un an, et ceux qui n'auront servi que six mois. Tout militaire intelligent sait à quoi s'en tenir sur la valeur d'une telle armée, abstraction faite de toute autre chose. »

L'armée allemande est-elle donc si homogène ? N'a-t-elle pas aussi ses volontaires d'un an ? Et les nôtres en vaudront-ils moins, parce qu'au lieu d'avoir pour camarades, comme c'est le cas en Allemagne, des hommes ayant servi trois ans, ils seront encadrés dans de vieux soldats, ayant quatre ou cinq ans de présense sous les drapeaux ?

Tandis que la presse allemande exhalait ainsi sa haine contre notre pays, les esprits sérieux en Allemagne, reconnaissaient les qualités de notre nouvelle législation. « Les Français, écrivait un officier supérieur de l'armée prussienne, réussiront avec leur loi, si elle est rigoureusement appliquée, à faire passer sous les drapeaux tous les hommes aptes au métier des armes ; quelques-uns sans doute n'y séjourneront que peu de temps, mais ils y acquerront toujours une certaine instruction militaire qui, le cas échéant, les rendra capables de faire un service utile, s'ils sont convenablement encadrés. Il n'en est point de même en Allemagne où chaque année plus du tiers des jeunes gens soumis à l'appel, en se trouvant placé dans la catégorie des recrues de réserve, échappe absolument à toute espèce d'instruction et devient une complète non valeur. »

Les hommes éminents qui ont élaboré la nouvelle loi ont compris qu'ils avaient par dessus tout à faire une loi destinée à préparer la transformation graduelle des mœurs et des institutions militaires de la France, la transition mesurée d'une situation à une autre situation. C'est le caractère et le mérite de leur travail.

Que la loi de 1872 ait des défauts, nous ne le nierons pas ; telle quelle est telle constitue pourtant une œuvre remarquable qui permettra d'acclimater promptement chez nous le principe nouveau du service obligatoire dont l'adoption nous était imposée par l'état actuel de l'Europe. En posant ce principe comme base de nos institutions militaires, le législateur a su en effet le rendre possible par des combinaisons prudentes, équitables, destinées à concilier tout à la fois l'intérêt de l'armée, l'intérêt du budget, l'intérêt de la société tout entière.

Il a fait la part de l'intérêt militaire, en fixant la durée du service à 5 ans dans l'armée active, et à 4 ans dans la réserve, et en refusant d'expérimenter sous le feu de l'ennemi des théories nouvelles dont les résultats n'auraient été appréciables que dans de longues années.

Il a fait la part de l'intérêt du budget, en divisant en deux parts le contingent annuel.

Il a enfin ménagé l'intérêt des professions libérales, de l'industrie, de l'agriculture et du commerce, par l'admission du volontariat d'un an, des dispenses et des sursis d'appel.

Son œuvre vivra, nous en avons la conviction, et si plus tard on reconnaît la nécessité d'y apporter quelques améliorations, on le fera d'autant plus aisément que ces améliorations seront des adoucissements à la charge qu'impose actuellement le service militaire.

QUESTIONS CONTROVERSÉES

DROIT ROMAIN

1° Il est impossible de concilier la loi 8 et le lois 13 et 16. (Dig., de cast. pec.)

2° Est-il vrai que même avant Justinien, les soldats ne pouvaient tester sans se conformer aux règles du droit commun que pendant la durée d'une expédition ? — Non.

3° Le père de famille recueillait-il le pécule castrens de son fils *jure peculii* ou *jure successionis*? Il le recueillait *jure successionis*.

4° L'intention exprimée par un militaire de faire plus tard un testament civil en faveur d'une personne équivalait à un testament militaire.

CODE CIVIL

1° Les ouvrages apparents dont parle l'art. 642 doivent être faits sur le fonds supérieur.

2° L'héritier renonçant doit-il être compris dans le calcul de la réserve ? — Non.

3° Est-il nécessaire que dans les hypothèses prévues par les art. 622 et 788, les créanciers prouvent que la renonciation leur est préjudiciable et qu'elle est frauduleuse ? — Oui.

4° Les tiers peuvent-ils invoquer la nullité du contrat de mariage fait par un mineur sans l'assistance des personnes exigées par la loi ? — Oui.

5° L'immeuble donné par un seul et même contrat, au mari et à la femme est-il propre pour moitié à chacun des époux ou commun ? — Il est commun.

6° Le gage civil constitué sur des titres au porteur ne s'établit avec tous ses effets que conformément aux prescriptions des articles 2,074 et 2,076 du Code Civil.

7° L'hypothèque consentie par le crédité au profit du créditeur prend rang, non du jour, de chaque avance, mais du jour de l'inscription opérée après l'ouverture de crédit.

8° La revendication accordée au vendeur d'objets mobiliers, par l'article 2102-4°, est la revendication du droit de rétention.

9° Les effets de la séparation de biens prononcée accessoirement à la séparation de corps ne remontent pas au jour de la demande.

10° De quelle espèce de libération la restitution du titre original ou de la grosse du titre sera-t-elle une preuve ou une présomption ? — Le débiteur a le choix ; il peut soutenir à son gré que l'abandon du titre fait présumer la remise de la dette ou le paiement.

PROCEDURE.

Les titres au porteur ne doivent être ni cotés ni paraphés dans les inventaires.

DROIT COMMERCIAL.

Lorsqu'une société a émis des obligations remboursables par voie de tirage au sort, et qu'une de ces obligations est échue, la compagnie devient débitrice du capital de cette obligation, mais peut se refuser à en payer les coupons ; si elle continue, par erreur, à payer ces coupons, elle ne peut répéter ni même retenir le montant des coupons ainsi payés indûment à un porteur de bonne foi.

DROIT ADMINISTRATIF.

L'étranger qui sert ou qui a servi dans le *régiment étranger* peut-il réclamer à toute époque la qualité de Français en vertu de la loi du 22 mars 1849 ? — Oui.

DROIT CRIMINEL.

Le conseil de guerre peut-il se déclarer incompétent pour connaître des délits commis sous les drapeaux par un individu porté sur les contrôles, sous prétexte que par suite d'une condamnation antérieure il se trouvait déchu du droit de servir dans les armées françaises? — Non.

MARCEL DE LA BIGNE VILLENEUVE.

Vu pour l'impression :
Le Doyen,
E. BODIN.

Vu :
Le Recteur,
J. JARRY.

TABLE DES MATIÈRES.

DROIT ROMAIN.

DROIT FRANÇAIS.

www.ingramcontent.com/pod-product-compliance
Lightning Source LLC
LaVergne TN
LVHW010111070726
842525LV00017B/1084